Silvia Siegenthaler
Meditation

Liebe Brigit Steppuhn
Deine Kraft, Dein Licht,
Deine Stille sind
heilsam.

Bern, 24. 2. 2020
Silvia Siegenthaler

Über dieses Buch:

Gesunde Wurzeln für ein ganzheitliches Leben: Die Perspektive der Inspirationen auf pädagogischer Grundlage zeigt, welche Chance die Meditation uns allen – Erwachsenen wie auch Jugendlichen und Kindern – bietet. Meditation fördert eine positive und achtsame Lebensweise, aus deren Kraft heraus wir den Erfordernissen unserer Zeit mit innerer Souveränität begegnen können.

Ziel der Meditation ist nicht irgendein Punkt in der Zukunft, sondern das bewusste „Auftauchen" aus dem Gedanken- und Zeitfluss in das Sein im Hier und Jetzt. Denn in der Meditation ist das Ziel immer auch der Weg: das Bei-sich-Ankommen.

Im vorliegenden Buch wird das Thema Meditation in erster Linie aus erfahrungsorientierter Sicht dargelegt, ausgehend von analytischen wie auch kontemplativen Betrachtungen, die hinführen zum Kern des Buches, den sechs Meditationen. Diese sind gedacht als eine praktische Anleitung für das eigene Meditieren und auch für das Meditieren in einer Gruppe.

Die Autorin schreibt aus ihrer langjährigen beruflichen Erfahrung und aus ihrer persönlichen Meditationspraxis. Das Lesen dieses Buches ist selbst schon eine Form von Meditation.

Silvia Siegenthaler

Meditation

Verbindung mit der inneren Quelle

Inspirationen auf pädagogischer Grundlage

Mit zwei Meditations-CDs

Govinda-Verlag

Kontaktadressen:

Schweiz:	Govinda-Verlag, Postfach, 8462 Rheinau
Deutschland:	Govinda-Verlag, Postfach, 79798 Jestetten
Internet:	govinda.ch introvision.ch

Die Meditationen auf den 2 CDs sind verfasst, gesprochen und mit Klangkompositionen (Klangschalen) begleitet von Silvia Siegenthaler.

Die Meditationstexte liegen in schriftlicher Form auch in den drei anderen Landessprachen der Schweiz vor (Rätoromanisch, Italienisch und Französisch) und können auf Anfrage bei Silvia Siegenthaler bezogen werden, ebenso eine von ihr gesprochene Version der Meditationen auf Schweizerdeutsch.

Erstauflage – Januar 2020

Lektorat: Armin Risi
Layout: Mantrarupa Cucuz, Armin Risi
Foto S. 127: Armin Risi / Foto hintere Umschlagklappe: Maya Gspurning
Umschlaggestaltung: Silvia Siegenthaler & Ronald Zürrer, unter Verwendung eines Fotos von Kokei Mikuni (Japan), © Kokei Mikuni, rocksportrait.com

Gesamtherstellung: CPI books GmbH, Leck
Printed in Germany

ISBN 978-3-905831-62-7

Inhalt

Meditations-CD 1:
Ankommen bei sich

Fokussieren (Dauer 15:59)
Körperempfindung beobachten (18:04)
Gedanken beobachten (11:31)

Meditations-CD 2:
Geistige Ausrichtung und Rückverbindung

Innen und Außen sind eins (9:58)
Entfaltung und Wandlung (22:39)
Ganzheitliche Verbindung (24:33)

Einleitung

Wesen und Wirkung von Meditation

Das Thema Meditation ist vielseitig und weitreichend. Meditation finden wir in allen mystischen Traditionen, bei den Naturvölkern, in den östlichen und abendländischen Kulturen und Religionen und auch in vielen modernen Formen: Mentaltraining, Achtsamkeitsübungen, Schweige-Retreats, Methoden zur Stressbewältigung, usw.

Ich habe Wertschätzung für all diese Wege und habe viele auch persönlich kennengelernt. Im vorliegenden Buch schreibe ich über das Thema Meditation in erster Linie aus erfahrungsorientierter Sicht, ausgehend von analytischen wie auch kontemplativen Betrachtungen, die hinführen zum Kern des Buches, den sechs Meditationen. Diese sind gedacht als Inspiration für das eigene Meditieren und gegebenenfalls auch für die Verwendung in einer Gruppe (mit Erwachsenen, Jugendlichen und / oder Kindern).

Die Wirkung der Meditation ist Salutogenese im weitesten Sinn, d. h. Stärkung und Erhaltung der seelisch-geistigen und körperlichen Gesundheit. Eigentlich müsste alles im Leben *salus*-generierend sein. Das lateinische Wort *salus* bedeutet „Gesundheit, Wohlbefinden" und findet sich z. B. in unserem schweizerischen Grußwort „Salü" und in den italienischen Wörtern *la salute*, „die Gesundheit", und *il saluto*, „der Gruß". Die Formel *tanti saluti* („viele Grüße") ist daher ursprünglich ein Ausdruck des Wunsches für Glück und Gesundheit. „Salutogenese" bezieht sich auf das immerneue und dynamische Entstehen eines Gleichgewichts auf allen Ebenen unseres Lebens.

Interessanterweise geht das Wort „Meditation" auf die gleiche Wurzel zurück wie das Wort „Medizin". Das lateinische Wort *meditatio* kommt von *meditari*, „nachdenken, überlegen, abwägen" (von altgriechisch *medomai*, „denken, sinnen"), und geht zurück auf die indogermanische Wurzel *med-*, „messen, ermessen". Mit dieser Wurzel bedeutet das lateinische Wort *mederi*, „heilen", konkret: das richtige Maß finden, und zwar in der Menge eines Heilmittels und auch im richtigen Zeitmaß und der entsprechenden Regelmäßigkeit. Die *ars medicina* ist die Kunst des Abmessens und des richtigen Maßes, und *medicus* bedeutet „der ermessende, weise Ratgeber". Die indogermanische Wurzel *med-*, „messen, ermessen", ist abgeleitet von *me(d)*, „wandern, abschreiten, abstecken". Aus dieser Wurzel entstanden auch das griechische Wort *métron*, „Maß, Takt", das lateinische Wort *metiri*, „abmessen" (davon abgeleitet Begriffe wie „Dimension" und „immens"), und das deutsche Wort *Mal*, „Zeitpunkt", wie in „einmal", „zweimal", „viele Male". Und *me(d)* liegt auch dem indogermanischen Wort *menot* für Mond zu Grunde, wörtlich „Himmelswanderer". Mit seiner „Wanderung" am Himmel wurde der Mond zum Maß für die Zeit. Die „Monate" sind die Zeiteinheiten des Mondes.

Diese Wortwurzeln geben bereits bedeutsame Hinweise auf das Wesen und die Wirkung von Meditation. Meditation ist eine Form von Medizin. Sie hat mit dem richtigen Maß, mit Regelmäßigkeit und mit den natürlichen Zyklen von Tag und Nacht zu tun. Im Metrum der Zeit ist das Meditieren ein Wandern durch die Dimensionen des Lebens. *Meditari* ist nicht einfach ein mentaler Vorgang, sondern ein Sichvertiefen, ein Rückbezug auf das eigene Selbst, ein „Nachsinnen", ein Erleben von Einfachheit und innerer Weisheit. Überflüssiges wird aussortiert. Wir durchschreiten das

Leben, und Meditation gibt uns „Boden unter den Füßen", damit wir in der heutigen Welt, wenn wir das Gleichgewicht verlieren, immer wieder neu den Zugang zu unserer Mitte finden.

Das Wort „Meditation" hat keinen direkten etymologischen Bezug zum lateinischen Wortstamm *medi-*, „mittleres", „Mitte" (zu finden in Wörtern wie „medial", „Mediation", „mediterran"), hat aber inhaltlich sehr wohl mit „Mitte" zu tun, denn jedes Schreiten und Wandern ist, auch im symbolischen Sinn, ein Wechselspiel von Polarität und ein rhythmisch-wiederholtes Verlagern der Schwerpunkte. Im Gleichgewicht zu sein bedeutet, dass wir nicht aus der inneren Mitte fallen, unabhängig davon, wie sehr wir in der äußeren Welt mit „Ungleichgewicht" konfrontiert werden.

Meditation ist Einkehr, ist Verbindung mit der Mitte, dem inneren Ort der Ruhe, des Ausgleichs, der Gegenwart in Geistes-Gegenwart, jenseits von Gedanken an Vergangenheit und Zukunft. Diese Mitte kann im Körper, in den Gefühlen und Gedanken wie auch in unserer seelisch-geistigen Natur gefunden werden. Über die Mitte unseres Menschseins sind wir im Gleichgewicht von Körper, Geist und Seele.

Meditation spricht die Fähigkeit an, das Bewusstsein auf das Hier und Jetzt zu richten, möglichst unabhängig von dem, was im Außen geschieht und in unseren Gedanken und Emotionen gerade abläuft. In dieser ruhevollen Präsenz ist das Wesentliche erfahrbar und erkennbar.

Meditation führt in die Stille und intuitive Verbundenheit. Sie wirkt heilend und läuternd. Sie hat das Potential, innere Fähigkeiten anzusprechen und den Zugang zu erfüllter Menschlichkeit und zur schöpferischen Natur des Lebens zu vertiefen und zu erweitern.

Meditation ist Rückverbindung mit der Ganzheit, während wir im täglichen Leben in vieler Hinsicht mit einer gespaltenen und fragmentierten Welt in Berührung kommen. Meditation unterstützt eine positive und achtsame Lebensweise, aus deren Kraft heraus wir den Erfordernissen unserer Zeit in Verbindung von Herz und Vernunft mitgestaltend begegnen können. Meditation im hier beschriebenen Sinn ist ein freier, institutionsunabhängiger Weg.

Nur schon diese kurze einleitende Darlegung macht deutlich, dass Meditation neben der allgemeinen „Praxis für jeden" auch für die pädagogische Fachrichtung von Interesse ist. Tatsächlich ist Meditation bereits seit mehreren Jahrzehnten Gegenstand der wissenschaftlichen Forschung und ist als wirksame Methode anerkannt, vor allem in der pädagogischen, komplementärtherapeutischen, psychologischen und klinischen Anwendung.

Im Anhang 1 gehe ich spezifisch auf die Meditation mit Kindern ein sowie auf meine diesbezüglichen praktischen Erfahrungen. Dazu gehört, dass ich das Meditieren mit Kindern erst ab dem Alter von neun Jahren empfehle. Dies hat neuropsychologische und neurophysiologische Gründe. Natürlich können sich jüngere Kinder ungezwungen zu meditierenden Menschen hinzusetzen und die Atmosphäre genießen.* Sie folgen jedoch nicht unbedingt den geführten Anleitungen und gezielten Ausrichtungen der Meditation. Hier gilt nicht „je früher desto besser". Das Kind und seine

* In buddhistischen Klöstern werden bekanntlich auch schon Kinder aufgenommen. Meditieren tun sie jedoch erst ab dem Alter von vierzehn Jahren, wie Matthieu Ricard im Dialog mit Wolfgang Singer ausführt (*Hirnforschung und Meditation – Ein Dialog*, Suhrkamp Verlag 2008, 9. Auflage 2017). Vorher nehmen die Kinder an den ausgedehnten zeremoniellen Abläufen teil und dürfen in der Geborgenheit der meditativen Atmosphäre mit dabei sein. Die Forschungen und Erkenntnisse der Neuropsychologie bestätigen hier die achtsame Praxis der ursprünglichen Traditionen.

Entwicklung folgen eigenen Gesetzmäßigkeiten, denen wir niemals forcierend begegnen sollten. Vielmehr pflegen und fördern wir gesunde Bedingungen, zuallererst durch eine klare und liebevolle Beziehung zueinander und durch die authentische Qualität der persönlichen Lebensführung.

Ich schreibe das vorliegende Buch aus der Perspektive der Erfahrungen und Inspirationen auf pädagogischer Grundlage, weil ich sehe, welche Chance die Meditation den Kindern und Jugendlichen wie auch den Eltern bietet. Kurze meditative Übungen führen oft zu positiven Veränderungen, die auch die Eltern und das Umfeld (Geschwister usw.) miteinbeziehen. In einer Kleingruppe von Kindern erlebt eine Mutter vielleicht, wie ihr „hyperaktives" Kind ruhig und konzentriert der gesprochenen Meditationsanleitung folgt. Bei der Wiederholung der Übung zu Hause kann dies für die Beteiligten aus der Familie ein neues gemeinsames Erlebnisfeld eröffnen.

Im pädagogischen Zusammenhang beginnen wir mit einfachen Formen von Meditation, die aber das Potential einer sich entfaltenden Bewusstseinsentwicklung enthalten, ähnlich wie ein Samenkorn schon die ganze Pflanze in sich trägt. Die pädagogische Grundlage gewährt auch allgemein eine erweiterte Sicht auf die Meditation – und das eigene Meditieren.

Aus all diesen Gründen habe ich mich entschieden, die sechs Meditationen nicht nur als CD mit kurzem Begleittext herauszugeben, sondern das Thema Meditation weiter auszuführen, insbesondere im Hinblick auf die Selbstwahrnehmung, die Gedankentätigkeit (Fokus, Ausrichtung, Präsenz), die innere Stille sowie das Körperbewusstsein, d. h. das in sich ruhende Wahrnehmen des eigenen Körpers. In all diesen Ausführungen geht es mir nicht um spezifische Methoden und Techniken, sondern um einen ganzheitlichen Ansatz, d. h. um die Bewusstseinsentwicklung, die

Körper, Geist und Seele umfasst. Ansonsten kann die Fixierung auf besondere Meditationstechniken den Menschen von sich selbst wegführen, weil die Aufmerksamkeit dann auf die äußere Form gerichtet ist – und damit auf die Zukunft: „Wenn ich die Technik beherrsche, dann werde ich gelernt haben, richtig zu meditieren." Ziel der Meditation ist aber nicht irgendein Punkt in der Zukunft, sondern das bewusste „Auftauchen" aus dem Gedanken- und Zeitfluss in das Sein im Hier und Jetzt. Denn in der Meditation ist das Ziel immer auch der Weg: das Bei-sich-Ankommen.

Teil 1

Meditation, innere Entwicklung und äußere Entfaltung

Kapitel 1

Die Wichtigkeit der Gedankenausrichtung

Meditation ist die Begegnung mit dem eigenen Inneren. Zur Innenwelt gehören die Gedanken, die Emotionen, die Gefühle sowie das gesamte seelisch-geistige Sein.

In der Meditationspraxis geht es zuerst darum, die Fähigkeit und Kraft der bewussten Gedankenausrichtung anzuwenden und zu pflegen. Denn in unserer Welt sind wir unweigerlich und ständig mit vielen Informations- und Gedankenströmen konfrontiert, sowohl mit denen, die wir bewusst, als auch mit denen, die wir unbewusst wahrnehmen. Die Herausforderung hierbei ist, sich von diesen Strömen nicht überfluten oder wegschwemmen zu lassen. Das gilt insbesondere für unsere Gedankenwelt, denn wir sind fast dauernd am Denken. Mit dem Denken bestimmen wir unser Handeln, unsere Gemütsverfassung und letztlich die gesamte Qualität unseres Lebens.

Meditation beinhaltet daher auch das Wahrnehmen der Gedanken: „Wo bin ich jetzt gerade mit meinen Gedanken?“ Wo die Gedanken sind, da sind wir auch mit unserer Energie und unserem Bewusstsein. Gedanken sind Handlungen der Innenwelt. Sie sind spürbar (und wirksam!) auf der emotionalen, energetischen und körperlichen Ebene. Gedanken sind ein enorm feines und „scharfes“ Werkzeug. Der Körper, die Organe und die Zellen gehen in Resonanz mit der Schwingungsqualität der Gedanken. Die Körperenergie reagiert auf die Impulse, die von unseren Gedanken ausgehen.

Die Meditation fördert die Fähigkeit, stets von neuem bei sich anzukommen und ruhend in sich selbst zu sein. Damit ist nicht gemeint, dass wir täglich stundenlang meditieren müssen. Wichtig ist, dass wir die Kraft der Meditation, und sei es auch nur ein kurzes bewusstes Innehalten, in den Alltag hinübernehmen und uns von dieser Energie tragen lassen.

Die Bewegung der Gedanken und Emotionen

Die alltäglich geschäftigen Gedanken sind generell flüchtiger und schnelllebiger als die Emotionen. Emotionen sind meistens lang anhaltend und tiefer. Sie zeigen sich z. B. als Freude, Angst, Ärger oder Trauer. Ihre Färbung und Intensität ist nicht nur von äußeren Ereignissen abhängig, sondern auch von der eigenen psychischen Konstitution, von Gewohnheiten und vom eigenen Charakter. Emotionen sind Auslöser von Gedanken, und Gedanken wiederum können Emotionen bestärken. Beides färbt sich auf den Körper ab, und umgekehrt.

Die Freiheit zur Ausrichtung und Gestaltung des Innenlebens geht weit über das Analysieren der eigenen Gedanken und Emotionen hinaus. Sie besteht darin, dass wir die Vorgänge in unserer Innen- und Außenwelt bewusst wahrnehmen und eine gewisse Distanz bewahren. Wir sind Zeuge des Geschehens. Wir beobachten und betrachten unsere Gedanken und Emotionen. Wir sind in diesem Moment davon befreit, reagieren zu müssen.

Die Ausrichtung unserer Gedanken verändert das, was wir tun und erleben, und beeinflusst, *wie* wir es erleben. Ruhen unsere Gedanken im Licht der eigenen Mitte, wird in uns etwas aktiv, was von ganz anderer Natur ist als unsere gewohnten Reaktionen. Diese Klarheit hat eine läuternde und inspirierende Rückwirkung auf die Gedanken, die Emotionen und den Körper. Im Zeitraum der Meditation treten wir aus dem Leistungsdenken unserer Gesellschaft heraus und erleben tiefer liegende Qualitäten unseres Seins. Wenn die Stille den Menschen berührt, der zur Ruhe kommt, erfährt er die Verbindung und Einheit mit dem eigenen Selbst. Wenn wir merken, dass wir uns vom Umfeld zu sehr beeinflussen oder gar programmieren lassen, ist es Zeit, sich hinzusetzen, und sei es nur für einige bewusste Atemzüge, um so aus dem Programm auszusteigen und sich der Stille in ihrer inneren Präsenz zu öffnen.

Änderungen und Entwicklungen passieren nicht bloß durch positives Denken. Viele Menschen, die positiv denken, fühlen negativ. Positives Denken und negatives Fühlen bringen das Zusammenspiel von Körper und Gedanken in einen Widerspruch. Es geht in der Meditation nicht einfach um das Lernen von sogenannt positivem Denken, sondern darum, die sich widersprechenden Regungen der Innenwelt aufzuheben. Geschieht dies, wird eine Schwingungsänderung eingeleitet, ein „ganzheitlicher Shift"*, und das wiederum ist die Grundlage eines heilvollen Zusammenwirkens von Denken, Fühlen und Handeln. Dieser Fluss von inneren Kräften führt unser Sein, das heute oftmals fragmentiert ist, in seine natürliche Einheit zurück.

Die Gedanken pendeln in diesem Moment nicht mehr auf der Ereignislinie zwischen Vergangenheit und Zukunft hin und her. Sie ruhen in der Gegenwart. Das Nervensystem, das Hormonsystem und das Immunsystem werden leichter und harmonisieren sich. Wenn der Mensch sich bis in seinen physischen Körper hinein vom Licht der eigenen Seele berühren lässt, kann sich dies auf die Körper-, Zell- und DNS-Ebene auswirken.

* *holistic shift:* Fachbegriff aus der Craniosacraltherapie für eine „ganzheitliche Umschaltung", d. h. eine Anhebung der Körper- und Bewusstseinsenergie in einen höheren, gelösten Zustand, der zu einem heilsamen Zusammenwirken von Körper, Geist und Seele führen kann.

Bevor ich morgens in die äußere Aktivität gehe, schöpfe ich den Tag aus der Stille meiner Seele. Die bewussten und unbewussten Anteile meiner Persönlichkeit sind eingeladen, mit dem Licht meiner Seele zu kooperieren, so dass sie nicht ein paralleles Eigenleben führen müssen. So gehe ich in den Schlaf der Nacht, und so beginne ich am Morgen den neuen Tag.

Die innere Dynamik des Lernens

Meditation ist ein Weg in das vertiefte Erkennen, dass wir nicht Opfer oder „Spielball" der eigenen Gedanken sind. Gedanken sind oftmals nur Reaktionen auf äußere Faktoren. Wir beobachten unsere Gedanken und Emotionen und bewahren aus unserer Mitte heraus Distanz zu ihnen. Dadurch zeigt sich uns, was äußere Faktoren in uns auslösen und wo wir konditionierten Reaktionen unterliegen.

Die Ausrichtung auf den Zeit-Punkt der lebendig-präsenten Gegenwart führt aus reaktiven Automatismen heraus, hinein in die schöpferische Kraft eines freien Geistes. In diesem Zeit-Raum des „Abschaltens" begeben wir uns in eine Sphäre der Entspannung und erfahren die heilende Leichtigkeit aus dem inneren Selbst. Dies schafft Raum zwischen der Innen- und Außenwelt, so dass wir nicht unbewusst oder impulsiv auf Ereignisse reagieren. Wir entscheiden aus unserem Selbst heraus, was wir tun. In der Kraft dieser geistigen Präsenz liegt die Freiheit zur Selbstwahrnehmung und Selbstbestimmung.

Der Raum der Stille zwischen den Gedanken, den Emotionen und dem Körper zeigt, dass wir als Menschen weit umfassender sind als unsere Gedanken, unsere Emotionen und unser Körper. Das lässt uns innehalten und führt tiefer zur Wirklichkeit von dem, was eine zeitlose Empfehlung seit jeher dem Menschen sagt:

„Erkenne dich selbst!" Die meditative Ausrichtung mündet in die Lebensfragen: „Wer bin ich? Wo stehe ich? Was will ich?"

Während der Meditation werden diese Fragen nicht gedanklich-verbal beantwortet. Wir lassen die Klarheit der Energie und Intuition sprechen. Die Wahrnehmung verfeinert und erweitert sich beständig. Die Wirkung der Meditation erfüllt sich jedoch erst im Leben, das wir führen, und in den Beziehungen, die wir leben. Die Realisierung geschieht kontinuierlich und schrittweise, manchmal auch mit Unterbrüchen und Rückfällen, im Wechsel von scheinbarem Stillstand, vorsichtigem Zögern und mutigem Fortschreiten. Dies alles gehört zur läuternden Dynamik des Lebens und Lernens.

Kohärenz von Körper, Geist und Seele

Wenn sich im Körper ein heilsames, koordiniertes Zusammenschwingen der organischen Frequenzen einstellt, ist dies neurologisch messbar* und wird „Kohärenz" genannt. Meditation unterstützt und fördert die Kohärenz von Körper, Geist und Seele. EEG-Messungen bei Meditierenden zeigen positive organische (neuronale) Reaktionen auf Frequenzebene. Wenn der Gedanke mit dem seelischen Gefühl in Einklang geht, erhöhen sich die Frequenzen der Gehirnwellen signifikant bis hoch in den Bereich von Gamma hinein.

* Die Schwingungen der Organe unseres Körpers und des Gehirns werden – ähnlich wie Klangschwingungen im Zyklus einer Sekunde – in Hertz gemessen. Die Messungen des Gehirns erfolgen mit der Elektroenzephalographie (EEG). Unterschieden werden hierbei fünf dynamische Kategorien: Beta, Alpha, Theta, Delta und Gamma. Die Beschreibung dieser fünf Kategorien kann als Orientierungshilfe dienen, um den jeweils vorrangig erlebten Bewusstseinszustand einzuordnen; Näheres hierzu im Anhang 2: „Die fünf Bewusstseinsebenen".

Mit dem Bewusstsein steuern wir den Gedankenfluss, und die Gedanken wiederum lösen körperliche Reaktionen aus. Ja mehr noch: Gedanken und das dahinter wirkende Bewusstsein erzeugen eine biologische Information, die auf die physische Form einwirkt, so auch auf das Gehirn. Die Neurowissenschaften haben herausgefunden, dass Synapsen und Nervenzellen auf Bewusstseinsimpulse reagieren und sich entsprechend organisieren. Neue Gedanken und Gefühle erzeugen neue synaptische Verbindungen. Dies wird „neuronale Plastizität" oder „Neuroplastizität" genannt.*

Die Gedanken und der Körper werden vom Bewusstsein beseelt. Das Bewusstsein ist in diesem Verständnis die Kraft, die *Leben* bedeutet. Die Quelle des Bewusstseins, der Lebenskraft, kann als „Seele" bezeichnet werden. Der ganzheitliche Ansatz beschreibt den Menschen deshalb als eine multidimensionale Einheit von Körper, Geist und Seele. Die Reduktion des Menschen auf Konzepte außerhalb dieser lebendigen Ganzheit wird dem Wesen des Menschen nicht gerecht.

Die Kohärenz von Körper, Geist und Seele ist der Zustand von Harmonie: „Übereinstimmung, Einklang, wohltuender Zusammenklang, Ebenmaß (maßvolles Verhältnis der Teile zueinander und der Teile zum Ganzen)". Diese Kohärenz bedeutet auf der physischen und psychischen Ebene Gesundheit und Entspannung (= Salutogenese) und auf der seelisch-geistigen Ebene Liebe und innere Zufriedenheit. Über Meditation kann die Wirkung der Kohärenz zu einer mystischen Erfahrung werden. Aber es sind nicht die Hirnfrequenzen, die diese Erfahrungen verursachen, sondern die Meditation löst die entsprechende Veränderung der Hirnfrequenzen aus. (Durch chemische Stimulation können eben-

* Siehe z. B. Sharon Begley: *Neue Gedanken – Neues Gehirn. Die Wissenschaft der Neuroplastizität beweist, wie unser Bewusstsein unser Gehirn verändert.* Wilhelm Goldmann Verlag, München 2007

falls Bewusstseinsveränderungen ausgelöst werden, aber dies sind forcierte Erfahrungen, die nicht mit der ganzheitlichen Meditation gleichgesetzt werden können; siehe S. 41 - 44.)

Schöpfen aus dem Urzustand

Der meditationsvertraute Mensch entdeckt in sich die Fähigkeit, mitten in der Unruhe des Lärms, d. h. hinter dem Lärm, die Stille zu vernehmen. Diese Fähigkeit ist eine wahre Kunst und ein kostbarer Schlüssel zum Leben. Stille ist der Urzustand, der war, noch bevor Klang / Schwingung entstand, und sie ist der immer präsente Hintergrund eines jeden Klangs in unserer Welt. Stille ist in diesem Sinn der „Urklang" und der Urgrund des Lebens.* Stille verbindet mit der Quelle. Stille ist lebendig. Sie ist dynamisch. Sie ist essenziell. In der Stille ist das vollkommene Potential der Schöpfung, Entwicklung und Heilung präsent. Aus der Stille können heilsame Lebensströme zur Entfaltung kommen und sich unmittelbar, spontan, manifestieren.

Im Alltag jedoch ist es nicht immer leicht, in der Kraft der Ruhe und inneren Mitte zu sein. Wir sind im Gleichgewicht, und dann verlieren wir es, manchmal langsam und fast unmerklich, manchmal auch plötzlich und sehr schnell. Das Problem ist nicht, dass wir das Gleichgewicht verlieren, denn das kommt immer wieder vor. Die Herausforderung ist, dass wir es wieder finden! Gleichgewicht, Klarheit und Präsenz erlangen wir durch die Verbindung mit der

* Ein Sanskritbegriff hierfür ist *nadabrahman* oder *nada brahma* (*nada:* „Klang, Ton, Schwingung"; *brahman:* „Urgrund, allumfassende göttliche Energie"). *Nada Brahma* bezieht sich in der Yoga-Tradition auf Brahmâ, der die Welt aus Klang erschafft, und auf Brahman, den lebendigen Urgrund, aus dem die materielle Schöpfung über Schwingung („Klang") hervorgeht. (Siehe: Joachim E. Berendt, *Nada Brahma – Die Welt ist Klang*, 1983.)

inneren Quelle, das heißt zuallererst und praktisch: durch das Ankommen bei sich selbst und durch eine liebevolle, inspirierende Interaktion mit dem Leben. Dann sind wir im Gleichgewicht, in der Gegenwart. Und das Leben findet immer in der Gegenwart statt, im Jetzt.

Der Kern unserer Mitte ruht in sich selbst. Er ist frei von Spannungen der Außenwelt. Von hier lassen wir uns führen und leiten. Und mit dieser Sicht des Selbst betrachten wir die Turbulenzen des Lebens mit all ihren Auswirkungen in uns und in der äußeren Welt. Es ist unser Selbst, das unser Bewusstsein ins Gleichgewicht bringt, bildlich gesprochen „ins Lot", auf die Achse des Ausgleichs der Elemente.

Im Augenblick der Stille sind wir frei von störenden oder begrenzenden Gedanken. Wir kommen dem Wesentlichen des eigenen Wesens näher. Stille verbindet. Stille heilt. Neues wird aus der Stille geboren. Aus der Stille der Quelle wird der Mensch gestillt. Die Stille empfinde ich als Mutter der Meditation.

Sehr oft erfahren wir jedoch Unruhe in unserer Gedankenwelt, sei es aufgrund von Stress, Schmerz, Verlustängsten, Trauer, Krankheit oder aufgrund von Ehrgeiz, Sehnsucht, Begehren usw. Werden wir auf diese Weise unruhig, verspüren wir den drängenden Impuls, etwas zu tun. Wir handeln meist reaktiv. Wir wollen das, was uns Angst macht und beunruhigt, zum Verschwinden bringen, und das, was wir ersehnen, wollen wir erzwingen. Nicht wenige Therapien und andere Formen der Intervention sind reaktiv: Wenn man sich unwohl fühlt, muss dieser Zustand möglichst rasch verschwinden. Aber dieses „erzwingende" Verhalten ist nicht der Weg, der zu einer wirklichen Lösung führt und im Inneren Ruhe entstehen lässt. Entscheidend ist gerade diese Ruhe, das Im-Frieden-Sein mit dem, was ist. Das Annehmen der Situation, wie sie ist, bedeutet kein Gutheißen und kein Darin-Verharren, sondern ist ein konstruktiver, weiser Umgang, der es uns ermöglicht, eine wirkliche Veränderung zum Guten zu bewirken.

Die kollektive Wirkung von Meditation

Der Fokus des vorliegenden Buches mit den beiden CDs liegt auf dem individuellen Erleben von Meditation, aber das heißt nicht, dass Meditation ausschließlich eine ichbezogene Tätigkeit ist. Das Individuelle hat immer auch eine zwischenmenschliche und kollektive Wirkung! Kohärenz bedeutet auf der persönlichen Ebene Gesundheit, Zusammengehörigkeit und Entspannung – und dies auch auf der sozialen und globalen Ebene. Zwischen den inneren und äußeren Spannungsfeldern erscheinen aus der Kohärenz gesund wachsende Veränderungen, und es entsteht ein Gleichgewicht mit einer Dynamik von großem Heilungs- und Manifestationspotential.

In der Meditation lenken wir das Bewusstsein auf unseren Wesenskern, wodurch Verstand und Herz in Einklang kommen, in Kohärenz mit dem physischen und energetischen Körper. Die Ganzheit, die wir dadurch verkörpern, erzeugt Gleichklang in uns selbst und strahlt hinaus in unser Umfeld. Gleichklang in kreativer Vielfalt ist ein kraftvolles Prinzip der natürlichen Schöpfung. Gleichklang schafft Resonanz. Der individuelle Ausdruck von Ruhe, Frieden und Liebe hat immer auch eine überpersönliche Wirkung: im Zwischenmenschlichen, im Ökologischen, im Spirituellen. Das Individuelle (wörtl. „ungeteilte Sein“) ist ein Fraktal der Gesamtheit des Kollektivs.

Als verantwortungsvolle Menschen achten wir also nicht nur auf unsere äußeren Tätigkeiten, sondern auch darauf, welche Gedanken und Gefühle wir in uns entstehen und durch uns in die Welt strahlen lassen. Wir sehen uns als Teil des Ganzen. Wir sind offen für die Vielfalt in der Einheit durch empathische Resonanz. Wir gestalten die äußeren Lebensebenen mit, aber nicht reaktiv im Sog der Impulsivität, sondern kreativ aus der Kraft der Unterscheidung und aus einer inneren Ruhe und Weisheit heraus. Viele Menschen wirken auf diese Weise – unabhängig davon, ob wir von ihnen wissen oder nicht – und schaffen lichtvolle Resonanzfelder im Kollektiv. Dadurch entsteht ein Nährboden für gute Veränderungen.

Meditieren für sich allein und Meditieren zusammen mit anderen Menschen, beides ist grundlegend und ergänzt sich gegenseitig. Gemeinsam erleben wir eine potenzierte Kraft, die anders ist, als wenn wir nur allein meditieren. Ein griechisches Wort für die göttlich erfüllte Inspiration, wenn eine Gruppe sich mit der inneren Quelle verbindet, ist *Homothumadon* (Betonung auf dem *u*). Dieses Wort kommt im Neuen Testament zwölfmal vor, davon elfmal in der Apostelgeschichte, d. h. in der Beschreibung des Wirkens der direkten Schüler Jesu. *Homothumadon** war das Merkmal ihrer Zusammenkünfte in gemeinsamer, kraftvoller Intention, erfüllt vom Geist des *christós:* „Unsere Liebe möge einen Einklang erzeugen, der wirke, wie im Himmel so auf Erden, und unsere Gedanken und unsere Herzen seien unisono auf die Stille des göttlichen Friedens ausgerichtet."

Wichtig in diesem Zusammenhang ist der Hinweis, dass Meditation auf einer Weltanschauung der Gewaltlosigkeit beruht. Das Sanskritwort dafür ist Ahimsa und war das Leitwort von Mahatma Gandhi. Ahimsa bezieht sich auf die Gewaltlosigkeit in Gedanken,

* Homothumadon: „mit einer gemeinsamen Ausrichtung des Geistes; in Übereinstimmung von Gedanken, Absicht und Gefühl", von grch. *homós,* „ein und dasselbe, unisono", und *thymós,* „Temperament, Emotion des Geistes, das Prinzip des Lebens, des Gefühls und des Denkens"; das gleichzeitige Wirken als Einheit, ohne widersprüchliche Absichten.

Gefühlen, Worten und Taten und führt zu einem Weltverständnis des Friedens in Freiheit durch Verantwortung. Ahimsa beinhaltet die Forderung nach Gewaltlosigkeit bis in die feinsten Ebenen unseres persönlichen Lebens und bis hin zu den großen Plattformen der Weltmedien, der Weltwirtschaft, der Politik, Kultur und Ökologie. Streng genommen beteiligen wir uns bereits dann an der Gewalt dieser Welt, wenn wir mit ihr über Angst, Aggression, Sensationslust usw. in Resonanz gehen.

Über die Emotionen und Gedanken entsteht eine energetische Wechselwirkung. Die Welt, in der wir leben, hat immer auch eine Wirkung auf unsere Innenwelt. Sie beeinflusst uns, und die Frage ist, wie sehr und in welcher Form wir uns von ihr beeinflussen lassen. Die Kraft, mit Krisen, Stress und Rückschlägen konstruktiv umzugehen und sich „schnell" zu erholen, wird Resilienz* genannt. Erfahrene meditierende Menschen gehen mit den Gewaltnachrichten, die täglich durch den Äther gesendet werden, nicht in Resonanz. Sie sind resilient, auch bei Schicksalsereignissen im eigenen Leben. Resilienz ist eine erwiesene Wirkung der Meditation. Resilienz ist keineswegs mit Gleichgültigkeit, Verdrängung oder passiver Weltflucht zu verwechseln. Resilienz entsteht durch die bewusste Verbindung mit der inneren Quelle. Sie hat persönliche und kollektive Auswirkung, die im gegebenen Moment den entscheidenden Unterschied ausmacht.

* Resilienz (von lat. *resilire*, „zurückspringen; abprallen") oder *psychische Widerstandsfähigkeit* ist die Fähigkeit, Krisen zu bewältigen und sie durch Rückgriff auf persönliche und sozial vermittelte Ressourcen als Anlass für Entwicklungen zu nutzen. Mit Resilienz verwandt sind Entstehung von Gesundheit (Salutogenese), Widerstandsfähigkeit (Hardiness), Bewältigungsstrategie (Coping) und Selbsterhaltung (Autopoiesis). Das Gegenteil von Resilienz ist Verwundbarkeit (Vulnerabilität).

– Definition aus: de.wikipedia.org/wiki/Resilienz_(Psychologie)

Das Bewusstsein des einzelnen Menschen und das Energiefeld des Kollektivs sind ein hart umkämpfter „Platz“ in der heutigen Zeit. Über die Meditation stärken und klären wir die Erinnerung an die Ideale denen wir treu sein wollen. Welchen Inhalten und Intentionen wollen wir unser Leben widmen? Die Beantwortung ist individuell, unabhängig davon, ob andere dieselben Ideale und Werte mit uns teilen oder nicht.

In der Meditation erfinden wir keine neuen Werte und Bewusstseinszustände. Wir erkennen vielmehr die lichtvollen Qualitäten, die in uns bereits angelegt sind. Dies ist vergleichbar mit unserer Fähigkeit zur Sprache. Jeder Mensch trägt die Veranlagung in sich, zu sprechen und sich sprechend mitzuteilen. Um diese Fähigkeit zu entwickeln, müssen wir in einer Gemeinschaft aufwachsen, die mittels Sprache kommuniziert.

Wenn wir beginnen, die meditativen Qualitäten gemeinsam mit Kindern und Jugendlichen und mit Menschen jeden Alters zu entdecken und zu pflegen, entfalten sich geistige Potentiale, die ansonsten vernachlässigt würden oder ungenutzt blieben. So besteht die Hoffnung, dass wir diese „Ressourcen“ nutzen zur Bildung von glücklichen Gemeinschaften, friedvollen Kulturen und für eine gesunde Welt, im dynamischen Wandel der Zeit.

Kapitel 2

Bewusstes Atmen als Grundlage der Meditation

„Genieße den Rhythmus deiner natürlichen Atmung. Den Atem kannst du nicht vorholen und nicht nachholen. Er ist immer neu, da wo du jetzt bist und in jedem Augenblick. Er führt dich in deine Gegenwart. In ihr liegt dein Zugang zur Ewigkeit, zur Verbindung als himmlischer Mensch und irdischer Mensch.“

Das sind Worte aus der sechsten Meditation. Immer wieder staune ich neu über die Schlüsselfunktion der Atmung. Von den Lebensvorgängen, die vom Verhalten des Menschen abhängen, ist die Atmung die existenziell bedeutendste. Ohne Nahrung und ohne Schlaf können wir, je nach Konstitution, eine gewisse Zeit lang in einem Ausnahmezustand leben. Aber wie lange leben wir ohne Atmung?

Bewusstes Atmen

Meditation bedeutet nicht, dass man die irdische Welt abwertet und in geistige Welten flüchtet. Vielmehr erhöht Meditation ein ganzheitliches Bewusstsein, das auch – und grundlegend – die bewusste Präsenz im Körper umfasst. Der Körper wird nicht ausgeschlossen, sondern mit einbezogen. Zu diesem Körperbewusstsein gehört auch das Atembewusstsein. Der Atem ist die Grundlage des Lebens und auch der Meditation. Nur schon einige wenige bewusste Atemzüge können helfen, den Fokus neu auszurichten.

Für die natürliche, freie Atmung kommt der Wirbelsäule eine zentrale Stellung zu. Die senkrechte Mittellinie ist nicht nur von besonderer Bedeutung für die Haltung und Körperspannung (Tonus), sie bestimmt auch weitgehend den Verlauf der Atembewegung. Sie ist die bewegliche und zugleich feste Achse, an welcher der Brustkorb „hängt". Die Wirbelsäule ist über den Brustkorb mit wichtigen Atemmuskeln verbunden. Nicht eine festgehaltene und starre, sondern eine aufrechte und bewegliche Wirbelsäule (= Säule und Wirbel) bietet der Atmung die guten Bedingungen. Weil von der Atembewegung rückwirkende Einflüsse auf die Wirbelsäule und die gesamte Körperhaltung ausgehen, erfahren wir eine enge Wechselwirkung zwischen Haltung und Atmung.

Durch Meditation entwickeln und verfeinern wir unser Gefühl für den eigenen Körper, wodurch wir stets neu in jene Körperhaltung finden, die unsere Sinne gegen innen offen und wach sein lässt. Die Entwicklung des Körperbewusstseins ist bei jeder Person unterschiedlich, weshalb es wichtig ist, dass wir uns nicht mit anderen vergleichen, sondern unserem eigenen Körperbewusstsein folgen, um diese Erfahrung im täglichen Leben zu verkörpern.

Wie kaum eine andere Organfunktion können wir die Atmung willentlich anhalten, dosieren und beeinflussen. Sie ist von unbewusst wirkenden vegetativen Zentren gesteuert, ist aber zugleich dem Willen zugänglich. Die Atmung ist die Verbindung zwischen Innen und Außen – und dies variabel, graduell und weiterführend, je nach Praxis bis hinein in eine Erfahrung unserer Multidimensionalität.

Im ursprünglichen Yoga dienen die Atemübungen (Pranayama) der Harmonisierung von Körper und Geist, basierend auf Körperübungen, wobei all diese Aspekte des Yoga letztlich das Ziel haben, zu einer höheren Selbsterkenntnis zu führen. Die Atemübungen sind eine Methode, um zur natürlichen Atmung zurückzufinden.

Die gesunde Dynamik des Atmens ist kein Selbstzweck, sondern Bestandteil eines bewussten Lebens, das ein Kontinuum der persönlichen Entfaltung ist. Hierbei kennen wir weltweit unterschiedliche Wege der Atemschulung, sei es im Rahmen von Gesangsschulungen, Körpertherapien oder Meditationspraktiken.

Lebenskraft durch Selbstwahrnehmung

Von der natürlichen Anlage her atmet der Mensch über eine „Gesamtatmung", die wir auf eine perfekte Weise beim neugeborenen Menschen sehen. Ein Neugeborenes kennt keine Trennung der Atmung in einzelne Körpergebiete: Brustatmung, Flankenatmung*, Bauchatmung. Mit dem Heranwachsen tendieren wir zu einer einseitigen, oberflächlichen Brustatmung. Momente der Ausnahme sind z.B. das tiefe Atemholen und herzhafte Gähnen. Je nach Tätigkeit findet die Bewegung der Gesamtatmung einen spezifischen Ausdruck. So wird bei schwerer körperlicher Tätigkeit mehr mit dem Zwerchfell, bei feinen Tätigkeiten mehr mit den Lungenspitzen geatmet. Immer jedoch sind alle Atemmuskeln gemeinsam tätig, in unterschiedlichem Grad und in unterschiedlicher Ausprägung. Im gesunden Zustand fehlt nie ein Teil der Atembewegung, und es drängt sich kein Teil auf Kosten der anderen Teile hervor. Das Gesamtbild bleibt harmonisch, in allen Nuancen der Betonung. Wir haben die natürlichen Potentiale des Neugeborenseins lebenslang in uns – in jedem Atemzug, in jeder Körperzelle und im Körpergedächtnis.

In der Körper- und Bewegungstherapie gehen wir vom organischen Ganzen des Atemvorgangs aus, auch dann, wenn durch

* Flankenatmung: Atmung, bei der sich der Oberkörper im Bereich der Nieren seitlich ausdehnt, d. h. eine seitliche Brustraumerweiterung durch Hebung der unteren Rippen.

äußere oder innere Einflüsse die Gesamtatmung beeinträchtigt ist. Innerhalb des Ganzen will stets das geschwächte Einzelne gestärkt werden. Das ist ein grundlegendes Prinzip der komplementärtherapeutischen Methoden, wie z. B. der Atem- und der Craniosacraltherapie. Das Einzelne bleibt im Zustrom des Ganzen, und das Ganze erneuert sich unter dem Einfluss des gestärkten Einzelnen.

Die organische Gesamtbewegung der Atmung ist allseitig. Sie ist fließend und fein schwingend. Bei leichtem Auflegen der Hände auf den Körper kann man spüren, wie die Hauptwelle eines Atemzuges in kleineren Wellen ausschwingt. Der Form nach schwingt die Atembewegung in praktisch unendlich vielen Variationen innerhalb der einen Grundform.

Zwischen der Atmung und der Selbstwahrnehmung besteht ein direkter Zusammenhang. Meistens atmen wir ohne bewusstes Gewahrsein des Atems, und der Atem folgt reflexiv unseren Tätigkeiten und gedanklichen und emotionalen Impulsen. Wenn es uns, ausgehend von der Meditation, gelingt, den Atem in Momenten der inneren Ausrichtung bewusst wahrzunehmen, reagieren auch die Körpersysteme und die fünf Sinne entsprechend.

Die Atmung ist der Schlüssel, mit dem wir die Natur in uns entfalten oder aber unterdrücken und stören können. Tiefe Ruhe erfüllt uns, wenn das Unwillkürliche (die inhärente Intelligenz des Natürlichen) in uns zu wirken beginnt. Der Körper weiß, was er zu tun hat, wenn wir nicht willkürlich „dazwischenfunken". Wir atmen das ganze Leben lang, und vieles im Leben braucht Zeit. Die innere Ruhe stärkt uns in diesem Lebensfluss mit Geduld, Vertrauen und Lebenskraft. Der Lebensfluss strömt aus der inneren Quelle, und Meditation ist eine tägliche Einladung, uns mit dieser inneren Quelle zu verbinden.

Primäratmung und Sekundäratmung

In der Komplementärtherapie, insbesondere in der Craniosacraltherapie, wird zwischen Primäratmung und Sekundäratmung unterschieden.* Die Primäratmung beginnt mit der Embryonalentwicklung und geschieht über die Stoffwechselvorgänge, durch die die Körperzellen (inkl. Knochenzellen) und Organe mit Sauerstoff versorgt werden, basierend auf den Bewegungen der Energie- und Flüssigkeitssysteme des Körpers. Alle Körpersysteme sind inneliegend getragen von der Primäratmung. Die craniosacralen Rhythmen sind ein Ausdruck der Primäratmung. Für geübte Hände sind sie am ganzen Körper spürbar und sind Indikatoren für diagnostische Informationen. Die Sekundäratmung (Lungenatmung) beginnt mit unserer Ankunft in der irdischen Welt, mit dem ersten Einatmen bei der Geburt, und dauert bis zum letzten Ausatmen, dem Übergang in die Neugeburt in eine rein geistige Welt.

In der Meditation gehen wir von der alltäglichen Erfahrung der Sekundäratmung aus und richten in einem ersten Schritt die Aufmerksamkeit auf das sich wiederholende Kommen und Gehen des Atems. Wenn wir in dieser Wahrnehmung sind, finden auch die

* Anfang des 20. Jahrhunderts entwickelte Dr. William G. Sutherland auf der Basis der Osteopathie die „Craniale Osteopathie“, aus der die craniosacrale Behandlungsform hervorging (lat. *cranium* = Schädel, *sacrum* = Kreuzbein). Die Grundlage der Craniosacraltherapie ist die Arbeit mit der physischen Struktur, die zwischen den beiden Polen Cranium und Sacrum über das Liquor-System rhythmisch pulsiert. Wie Dr. Sutherland über seine Forschung und Praxis erkannte, wird diese lebendige Einheit von einem dahinter liegenden energetischen System getragen, das er „Lebensatem“ bzw. „primäre Atmung“ nannte. Die primäre Atmung ist direkt mit der Gewebeatmung des Zentralnervensystems verbunden, das die Lungenatmung (sekundäre Atmung) und die gesamten Körperfunktionen reguliert.

Gedanken zur Ruhe und lassen sich vom Atemfluss tragen. Über die nächsten Schritte der Meditation gelangen wir in ein tieferes Körpergefühl, bis hinein in das Erleben der Primäratmung. Sie wiederum ist getragen von unseren feinvitalen Kräften. Wir spüren deren nährendes und zellerneuerndes Wirken, und durch diese Erfahrung erkennen wir allmählich oder irgendwann spontan, dass die feinenergetischen Körper real sind.

Die Zellatmung ist der primäre und eigentliche Atemvorgang. Die Lungenatmung ist nur eine Hilfe, um den primären Lebensvorgang der Zellatmung zu ermöglichen. Die Zelle atmet und nimmt Sauerstoff aus dem Blut auf und gibt Kohlendioxid ab. Den Sauerstoff benötigt sie für ihren hochorganisierten Zellstoffwechsel, durch den sie Lebensenergie und Körperwärme erzeugt. In der Lungenatmung geht es um den Austausch zwischen Luft und Blut. Dieser biophysikalische Vorgang verläuft über das Kapillarnetz in den Lungenbläschen.

Die Atembewegung des Körpers macht die Lungenatmung überhaupt erst möglich. Ein spontaner und befreiender Atemzug lässt uns meinen, die einströmende Luft würde den Brustkorb weiten und bewegen. So ist es aber nicht. Was sollte die Luft veranlassen, in uns einzuströmen? Der Brustraum weitet sich und saugt die Luft ein. Die Bewegung des Körpers ist die Ursache der Luftströmung, nicht umgekehrt.

Zusammenspiel von Atmung und Gedanken

Vom Moment der Geburt an kommt zur primären Atmung die sekundäre Atmung hinzu. Die Atmung ist getragen von der Energie der Seele. Du bist das Leben in der Atmung. Du bist der Atmende. Du bist Atman. *Atman* heißt in der altindischen Sanskritsprache „Seele“, und über die indoeuropäische Sprachverbindung finden wir „Atman“ auch in unserem Wort „atmen“. Die Seele beseelt den Körper und lässt uns atmen.

Ähnlich wie wir die Atmung im Körper wahrnehmen, nehmen wir auch die Gedanken im Körper wahr. Gedanken haben eine unmittelbare Wirkung auf die Atmung, denn sie sind mit unseren Gefühlen und Emotionen wie auch mit dem Körper verbunden. Wenn wir mit den Gedanken ganz beim Atem sind, haben wir alle anderen Gedanken losgelassen. Bei dieser scheinbar einfachen Übung merken wir, wie schnell die Gedanken wieder woanders sind. Deswegen „konzentrieren“ wir uns beim Einstieg in die Meditation auf das bewusste Wahrnehmen des Atems und das Verweilen im Atem. Aber diese Konzentration (Zentrierung) ist keine mentale Anstrengung, sondern eine entspannte Ausrichtung auf den Atem, die uns in den Fluss der Stille führt.

Wenn wir lernen, Gedanken loszulassen, können wir im Leben freier und gezielter mit den Gedanken umgehen. Wir achten auf deren Bewegung und Wirkung. Wir achten auf den Körper als Ganzes, während wir unsere Gedanken beobachten: Auf welche Art und Weise, wann und für wie lange denke ich über etwas Bestimmtes nach? Ist dieses Nachdenken zum Wohl für mich, für meine Nächsten und für die Welt? Wem dienen die Gedanken, die ich in mir zulasse? Bin ich mir meiner Gedankentätigkeit bewusst, auch der fast unmerklichen, parallel verlaufenden Gedanken? Nehme ich die blitzschnelle, mehrspurige Gedankentätigkeit wahr? Wähle ich bewusst, ob ich einer bestimmten Gedankenspur nachgehe oder nicht?

Im Alltag kommen wir vielfach in Situationen, in denen es sich lohnt zu fragen, ob unsere momentanen Gedanken wirklich das sind, was wir wiederholt denken wollen. Wir können uns angewöhnen, im Tagesablauf meditative Verschnaufpausen einzubauen, um der Routine, dem Sog und der Fremdbestimmung aus dem Umfeld aktiv entgegenzuwirken. Wir kultivieren die Gedankenstille, indem wir für einen Augenblick einfach nur dem Körper und der Atmung lauschen.

Die drei nächstliegenden Orte der Ausrichtung auf die Gedankenstille sind der Körper, die Atmung und die seelisch-geistige Mitte. Ich nenne letzteres auch die Quelle, das Herz hinter dem Herz.

Aus der Ganzheit, die wir sind, nehmen wir diese drei Orte in ihrer Einheit wahr. Wir pfaden dabei den Weg durch die mentalen und emotionalen Bezirke hindurch zu den lichtvollen Qualitäten des Einen, des eigentlichen Selbst, das wir sind.

Kapitel 3

Hinweise zur Praxis der Meditation

Meditation unterstützt die Entfaltung innerer Ressourcen und Lebenspotentiale. Sie hilft uns, eine gesunde Distanz zu unseren Emotionen und Gedanken zu pflegen. Das ist eine wichtige Grundlage der inneren Freiheit, rezeptiv wie auch proaktiv zu sein. Proaktiv heißt, wir denken und handeln selbstbestimmt und nicht nur reaktiv auf Impulse, die auf uns zukommen. Mit dieser Klarheit schaffen wir die Bedingungen für das Empfangen von Inspirationen und Erkenntnissen aus dem eigenen Selbst. Wir gehen in eine meditative Ausrichtung, in die bildliche Leere. Wir stecken nicht in der Gedankenwelt fest. Wir wechseln die Ebene. In diesem Moment sind wir nicht am Senden, wir empfangen. Wir sind rezeptiv. Oder wie ein östliches Sprichwort in Bezug auf das Loslassen sagt: „Nur mit leeren Händen kannst du empfangen."

Der „Shift" und seine gleichzeitig-vielseitigen Wirkungen

Meditation ist ein Wechsel von einer „alltäglichen" zu einer „nichtalltäglichen" Bewusstseinsausrichtung. Die Kunst ist, dieses Nichtalltägliche in den Alltag fließen zu lassen. Meditation ist ein „Umschalten" auf eine andere Bewusstseinsebene, ein Shift. Dies gilt für lange Formen von Meditation genauso wie für kurze. Zum Beispiel kann ein einziger bewusster Atemzug im Moment einer aufkommenden Hektik für uns den entscheidenden Unterschied machen.

Das Umschalten des Stroms der eigenen Energie geschieht durch ein bewusstes Innehalten und Bei-sich-Sein. Der Mensch ist in seiner Ganzheit miteinbezogen, das heißt mit Körper, Geist und Seele. Deshalb hat die ganzheitliche Meditation Wirkung auf all diese Ebenen. Einen Eindruck hiervon gibt die folgende Liste, wobei auf den jeweiligen Ebenen noch viele weitere Beispiele hinzugefügt werden könnten:

Mögliche Wirkungen auf der körperlichen Ebene:

- Abbau von Stresssymptomen
- Harmonische Regulierung
  - des Blutdrucks
  - der Körpersysteme (Endokrinsystem, Nervensystem, Lymphsystem, Immunsystem usw.)
  - des Körpertonus
  - des Körperbewusstseins
  - der Körperfrequenzen

Mögliche Wirkungen auf der mentalen/emotionalen Ebene:

- Ankommen bei sich
- Präsentsein im Hier und Jetzt
- Bessere Fokussierung und Konzentration
- Entspannung, Defokussierung, Erweiterung des Blickfeldes
- Bewusstere Lenkung und Steuerung der Gedanken
- Verfeinerung der Aufmerksamkeit und Wahrnehmung
- Harmonisierung, Regeneration, Leichtigkeit

Mögliche Wirkungen auf der spirituellen/seelischen Ebene:

- Erweiterung der Selbsterkenntnis
- Verbindung zur Multidimensionalität der eigenen Wesensnatur
- Vertiefung und Stärkung
  - der Selbstwahrnehmung
  - des Selbstwertgefühls
  - der Selbstliebe
  - der Nächstenliebe und der überpersönlichen Liebe

Selbstverantwortung in der Meditation

Angesichts der vielseitigen Wirkung von Meditation zeigt sich auch, welche Verantwortung damit verbunden ist: Verantwortung sich selbst gegenüber und Verantwortung anderen gegenüber, wenn man Meditationen leitet.

Meditation ist immer freiwillig und ist nicht an eine bestimmte Form gebunden. Man sollte auch nicht andere imitieren wollen. Es geht nicht um die äußere Form oder die Dauer der Meditation, sondern um die innere Qualität. Wird Meditation mit einem Muss verbunden, entstehen Druck und Zwang. Angestrengtes Tun und Forcieren wirkt auf die eine oder andere Weise kontraproduktiv. Die Leichtigkeit und Freiwilligkeit gehen verloren … und damit auch die Freude. Man verfehlt dadurch die eigentliche Wirkung der Meditation. Man müsste sich dann fragen: Warum meditiere ich auf eine solche Weise? Was will ich erreichen? Wem will ich etwas beweisen?

Meditation in einer ganzheitlichen Form ist Nahrung für die Seele. Bei der konkreten Umsetzung sind aber auch beim Meditieren, wie bei jeder Tätigkeit, „Risiken und Nebenwirkungen" nicht ausgeschlossen. Im Mai 2019 wurde in der *Public Library of Science* (PLoS) ein Artikel über die erste größere Studie zu dieser weiten Thematik veröffentlicht: „Unangenehme meditationsbezogene Erfahrungen bei regelmäßig Meditierenden: Prävalenz, Prädikatoren und konzeptionelle Überlegungen".* 1232 Personen mittleren Alters, die seit mindestens zwei Monaten regelmäßig meditierten, beantworteten im Rahmen dieser Studie auch die Frage: „Hatten Sie jemals nennenswert unangenehme Erfahrungen (wie z. B. Verunsicherung, Angstgefühle, störende Emotionen oder Gedanken, veränderte Innen- oder Außenwahrnehmung), von denen Sie annehmen, dass sie von Ihrer Meditationspraxis verursacht wurden?" 315 Teilnehmende, also ziemlich genau ein Viertel, bejahten diese Frage. Im weiten Spektrum von möglichen unangenehmen Erfahrungen bezog sich dieses Ja auf sporadische unproblematische Schwierigkeiten, wie aus dem Artikel hervorgeht: „Die meisten Auswirkungen gingen von selbst vorbei" und „erforderten keinen Unterbruch der regelmäßigen Meditation". Sie „traten eher dann auf, wenn jemand allein und nicht in einer Gruppe meditierte".

Die Praxis des Meditierens erfordert eine gesunde psychische Grundlage und eine realistische Selbstwahrnehmung. Dazu gehört auch die Fähigkeit, Problemsituationen richtig einzuschätzen. Handelt es sich um eine kurze Krise, wie sie bei jedem Entwicklungsweg auftreten kann, z. B. in Form von ablenkenden Gedanken, mangelnder Motivation oder Unwohlsein? Oder besteht tatsächlich ein Problem, eine Überforderung, eine Gefahr? Selbstverantwortung in der Meditation ist wichtig, besonders bei „spitzensportlichen" Praktiken mit Askese, Fasten, Schweigen, stundenlangem Alleinsein, rigider Disziplin usw.

* „Unpleasant meditation-related experiences in regular meditators: Prevalence, predictors, and conceptional considerations", PLoS ONE 14(5): e0216643, May 9, 2019

Wenn die gesunde Grundlage fehlt, besteht vor allem im kunterbunten Feld von Esoterik und New Age die Gefahr, dass Meditation zu einer illusionären Selbstwahrnehmung führt oder für eine Art von Weltflucht verwendet wird, sei es durch mentale Höhenflüge, durch unkritische Begeisterung oder durch unseriöse „Experimente". Mögliche Folgen sind Dissoziation, Suchtverhalten, Selbstentfremdung, Isolation und zwischenmenschliche Schwierigkeiten. Die Suche nach spektakulären Erlebnissen steht oft im Zusammenhang mit forcierten Meditationstechniken oder mit der Verwendung von psychoaktiven Substanzen zur „Bewusstseinserweiterung" und „Selbsterforschung".

Kritische Gedanken zur Verwendung von psychoaktiven Substanzen

In der Diskussion über die Verwendung von psychoaktiven Substanzen muss zwischen verschiedenen Kategorien unterschieden werden: von traditionell-schamanischen Mitteln über neuzeitlich-pharmazeutische Produkte bis hin zu illegalen Drogen. Landläufig mag nicht sehr bekannt sein, dass gewisse psychoaktive Substanzen auch von psychologischen, psychotherapeutischen und medizinischen Fachpersonen verwendet werden, und zwar in internen Kreisen zur „Selbstfindung" und persönlichen Themenbearbeitung sowie auch in therapeutischer Anwendung bei Klienten.

Ich höre den Beschreibungen solcher Anwendungen, Erfahrungen und Zeremonien aufmerksam und mit Fachinteresse zu. Ich respektiere diese experimentelle „Offenheit", obwohl ich schon immer (und intuitiv) die Verwendung solcher Mittel für mich persönlich abgelehnt habe. Meiner Ansicht nach sollte man zur Selbsterfahrung, Selbstfindung und Meditation keinerlei psychoaktive Substanzen einnehmen. Dies möchte ich hier kurz erläutern.

Mit oder ohne akademische Bildung, der Mensch hat das Bedürfnis und nicht selten auch die Neugier, hinter die Kulissen des Alltags und der äußeren Erscheinungswelt zu blicken, oft auch mit der Hoffnung, neue Lösungsansätze für Probleme zu finden. In der heutigen Zeit, wo man meint, alles müsse schnell und sofort geschehen, sind wir mit der Tendenz konfrontiert, innere Vorgänge über das Konsumieren von äußeren Mitteln, quasi auf Knopfdruck, auszulösen. Das Einnehmen von psychoaktiven Substanzen ist eine Form von künstlich ausgelöster, wenn nicht sogar forcierter Bewusstseinsveränderung.*

Bewusstseinsveränderungen sind jedoch auf ganz natürliche Weise in unserem Körper und in unserer multidimensionalen Konstitution angelegt! Lebenslang, einmal täglich, nämlich wenn wir uns schlafen legen, verlassen wir das Alltagsbewusstsein (Beta) und gehen über die Entspannung (Alpha) und die Traumphase (Theta) in den Tiefschlaf (Delta). Dabei erfahren wir tiefe Erholung und Regeneration, und je nach Bewusstsein werden uns nächtliche Einblicke, seelische Begegnungen und Erkenntnisse zuteil, an die

* Ich möchte nicht bestreiten, dass psychoaktive Substanzen auch positive Wirkungen haben können. Einige Fachpersonen in psychotherapeutischen Berufen verwenden manchmal solche Mittel in der Behandlung von Menschen, die z. B. unter Drogenabhängigkeit oder Depressionen leiden. Ebenso kennen wir Beispiele für die Verwendung im medizinischen und psychologischen Bereich. In Kulturkreisen mit indigenen schamanischen Traditionen, insbesondere in Südamerika, erlebt die Verwendung solcher Substanzen heute aufgrund der steigenden Nachfrage aus dem In- und Ausland eine „Renaissance". Die positiven wie auch die bedenklichen Seiten dieses psychedelischen Trends werden kontrovers diskutiert. In positiver Hinsicht können Erfahrungen dieser Art dazu führen, dass zivilisatorisch-konditionierte Menschen – nicht selten auch sinnsuchende Intellektuelle – dadurch ihren gewohnten Horizont erweitern und Konzepte des materialistischen Denkens zu hinterfragen beginnen oder gar überwinden.

wir uns nach der Rückkehr ins Tagesbewusstsein manchmal erinnern oder auch nicht. Der Schlaf ist das offensichtlichste Beispiel für den natürlichen Wechsel unseres Bewusstseins auf eine andere Ebene. Im Schlaf lockert sich die Verbindung zwischen unserem physischen Körper und dem feinvitalen Körper.

Die Einnahme von psychoaktiven Substanzen leitet den Vorgang dieser Lockerung zwischen den Körpern künstlich ein. Aus einer inneren Sicht ist der Vorgang, der dadurch ausgelöst wird, passiv, weil dies über ein äußeres Mittel geschieht und nicht durch das eigene Bewusstsein. Die entsprechenden pflanzlichen und chemischen Substanzen lösen im Gehirn und Nervensystem eine zeitlich begrenzte Veränderung aus. Dabei löst sich das Bewusstsein bis zu einem gewissen Grad vom Körper, und die Wahrnehmung verändert sich. Je nach Substanz und Methode begibt man sich auf unterschiedliche Ebenen der Trance oder man macht Astralreisen. Bei all diesen Erfahrungen ist der Körper mehr oder weniger vom Bewusstsein getrennt. Die Substanz und die Dosierung bestimmen die Dauer und die Intensität der Wirkung. Je nach Substanz hat dies einen unterschiedlichen Nachklang, insbesondere bei regelmäßiger Einnahme über eine längere Zeit.

Ich möchte hier daran erinnern, dass man früher in den Mysterienschulen eine lange und vielseitige Schulung absolvierte, in der ein systematischer Aufbau stattfand, um damit auch den Körper auf bewusstseinserweiternde Erfahrungen vorzubereiten. Dies geschah ohne Verwendung psychoaktiver Substanzen. Ich bin mir natürlich bewusst, dass in späteren Traditionen auch anders gearbeitet wurde, aber das ist nicht, worum es mir hier geht. Mein Anliegen ist, dass wir individuell und auch kollektiv wieder die Verbindung mit der inneren Quelle finden – und das ist eine natürliche Bewusstseinsentwicklung, die wir nicht nach außen „delegieren“ können, schon gar nicht an irgendwelche Substanzen oder sonstige

Abhängigkeiten. Auch im aufgeklärten 21. Jahrhundert unterliegen wir Menschen immer noch leicht der Illusion, jemand oder etwas außerhalb von uns könne unsere Entwicklung, unsere Heilung, unser Glück und unsere Freiheit bewirken.

Meditation als Unterstützung der inneren Entwicklung und äußeren Entfaltung

Ganzheitliche Meditation bedeutet, dass der Körper nicht übergangen, sondern mit einbezogen wird. Die Selbst-bewusste Wahrnehmung des Körpers ist die Grundlage des Fortschritts in der Meditation. Das Körperbewusstsein wird durch eine natürliche Schulung und „Disziplin" erweitert und verfeinert, unter Einbezug aller drei auf S. 38f. genannten Ebenen (körperliche Ebene, mentale/emotionale Ebene, spirituelle/ seelische Ebene).

Meditation erfordert die Kraft, sich immer wieder neu aus dem Fluss und Strudel des Alltags herauszunehmen und das Leben in der äußeren Projektion loszulassen, um Einkehr zu üben. Der Mut zu diesen regelmäßigen „Pausen" führt in die kreative Stärke und Freiheit des eigenen Selbst. Wir entdecken, was es bedeutet, in der Essenz der Stille zu sein und in ihr zentriert zu bleiben. Meditation ist nicht ein Üben von Techniken zur bloßen Optimierung mentaler und sonstiger Fähigkeiten. Das würde uns nur weiter von uns selbst wegführen. Es wäre einfach eine Weiterführung des Leistungsdenkens. Die Optimierung mentaler und kreativer Fähigkeiten ist nicht das Ziel von Meditation, aber durchaus ein Nebeneffekt.

Kapitel 4

Die vertikale Dimension unseres Seins

„Wenn der Körper, die Gedanken und die Gefühle mit dem Licht deiner ewigen Seele in Resonanz sind, in Einklang, auf einer Achse vertikal ausgerichtet, bist du eins mit dir und deiner Schöpferkraft."

Diese Worte aus der sechsten Meditation geben ein Gefühl für die Multidimensionalität unserer Existenz und für unser innerstes Selbst, die Seele, die wir sind. Ein ganzheitliches Weltbild umfasst auch diese Aspekte, die oftmals unter dem Überbegriff „Spiritualität" zusammengefasst werden. Ohne Spiritualität ist ein Weltbild nicht ganzheitlich, sondern reduktionistisch, das heißt, es reduziert den Menschen und das Leben auf das Materielle und Vergängliche. Tatsächlich hat sich die heutige Menschheit weitgehend von den ganzheitlichen Weltbildern entfernt, und das färbt sich auf alle Bereiche unserer Gesellschaft ab.

Vertreter einer reduktionistischen Weltanschauung glauben, der Mensch und der Kosmos seien nicht multidimensional und es gebe keine immateriellen Realitäten. Sie begründen ihre Ansicht damit, dass es für diese „Dinge" keine objektiven Beweise gebe. Aber gibt es für alle Aspekte unseres Seins objektive Beweise? Unser Leben und unsere Wahrnehmung sind letztlich zutiefst subjektiv, das heißt ausgehend vom Subjekt, vom innersten Selbst, das wir sind. Deshalb können wir auch nur selbst, also „subjektiv", diesem innersten Selbst begegnen. Und diese innere Begegnung und Verbindung ist, symbolisch gesprochen, die vertikale Dimension unseres Seins.

Das Horizontale und das Vertikale

Die Ganzheit unseres Seins lässt sich bildlich durch eine horizontale und eine vertikale Achse veranschaulichen. Die Realität der materiellen Welt in Raum und Zeit ist die horizontale Achse oder Ebene. Unsere innere Verbindung mit dem Seelisch-Geistigen, dem Urgrund des Seins, ist die vertikale Achse. Wenn wir beide Ausrichtungen in uns integrieren, verbinden wir als Menschen Himmel und Erde, Kosmos und Körper, Innen und Außen.

Der Kreuzpunkt der vertikalen und horizontalen Achse symbolisiert das Hier und Jetzt, die scheinbar flüchtige und doch ewig präsente Gegenwart. In diesem Schnittpunkt treffen sich das Geistige und das Physische. Hier ruht die Quelle der Potentiale, des inspirierten Denkens und schöpferischen Tuns.

Die Biographie des Menschen zeichnet in ihrer Ganzheit immer zwei Linien: die Linie der Seelenbiographie und die Linie der Persönlichkeitsbiographie. Die Lebenslinie der Seele entspricht der Vertikalen und die Lebenslinie der Persönlichkeit der Horizontalen. Gemeinsam bilden sie im großen Kreis des Lebens ein gleichschenkliges Kreuz.

Meditation ist die Praxis des Ankommens im Stillpunkt, in der wahren Mitte, auf der „alchemistischen" Schnittstelle zeitlicher und zeitloser Kräfte. Die bewusste Integration der Vertikalen stellt unsere horizontale Lebenslinie in das Licht des höheren Zusammenhangs. Durch dieses Erleben der Verbindung mit der inneren Quelle finden wir Anschluss an unsere Berufung und erkennen immer neu unseren Lebenssinn.*

* Ausgehend vom Bild der Vertikalen, die unsere innere Verbindung mit dem Seelisch-Geistigen darstellt, nenne ich die Schulung, die ich anbiete, „Vertical Centering® – Wege zur heilenden Ganzheit". *Vertical Centering* ist ein dynamischer Ansatz zu einem offenen, individuellen Bildungs- und Erfahrungsweg (siehe S. 130).

Bäume und Pflanzen als Vorbild für Vertikalität

Ganz anschaulich sehen wir das Prinzip der Vertikalität bei den Pflanzen. Die Verbindung von Himmel und Erde wird von den Pflanzen nicht nur symbolisch, sondern auch biologisch vollzogen. Über die Photosynthese wandeln sie Licht in organische Materie um, und im Wachstum zeigen sie von ihrer ersten Lebensbewegung an diese verbindende Ausrichtung.

Die erste Bewegung eines keimenden Baum- und Pflanzensamens ist erdwärts gerichtet, zum Mittelpunkt der Erde *(Geotropismus)*. Die zweite sanfte, jedoch erstaunlich kraftvolle Bewegung des keimenden Samens weist zur Sonne hin *(Heliotropismus)*. Die primäre Bewegung aus dem Samen verläuft senkrecht, absteigend. Das in die Erde gerichtete Pfahlwürzelchen nährt und stärkt den Keimling. Der gestärkte Keimling sprießt dann aus der dunklen Erde hervor, aufwärts, in die Höhe, in Richtung des Lichts, sonnenwärts, um sich in Blüte und Reife mit einem eigenen, einzigartigen Duft und mit farbigen Früchten dem Leben zu verschenken. Wir erkennen hierin die „Urbewegung der Pflanzenwelt". Sie ist zuerst vertikal ausgerichtet, und auf dieser Grundlage entfalten sich die Pflanzen nach außen, in ihr Umfeld, in die „Horizontale".

Deshalb heißt es auch im bekannten Sprichwort: „Wer in den Himmel wachsen will, braucht tiefe Wurzeln." Und wer der Welt wahrhaft Gutes schenkt, ist offensichtlich in der Kraft der „Vertikalen" verwurzelt.

Die Vertikale im menschlichen Körper

Das Prinzip der Vertikalität sehen und erleben wir auch im menschlichen Körper. Die Verbindung von oben und unten, von Himmel und Erde, ist im menschlichen Körper anatomisch ausgestaltet.

Vertikale Lebenslinie
Urgrund des Lebens
Das Spirituelle: das Geistige/Seelische („Innen“)
Subjekt → subjektive, innere Realität
Seelenbiographie
Gegenwart
Ewigkeit

Horizontale Lebenslinie
Rollenspiele auf der Bühne des Lebens
Das Materielle: das Physische/Psychische („Außen“)
Objekt → objektive, äußere Realität
Persönlichkeitsbiographie
Vergangenheit/Zukunft (Anfang/Ende)
Raum und Zeit

Die Ganzheit unseres Seins lässt sich durch die Verbindung einer horizontalen mit einer vertikalen Linie oder Ebene veranschaulichen. Diese Darstellung zeigt den Zusammenhang der alltäglichen Realität mit dem seelisch-geistigen Hintergrund, die Verbindung der makrokosmischen und mikrokosmischen Welten und deren Grundlage im Geistigen. In der Meditation können wir auf eine individuelle, subjektive Weise die Multidimensionalität unseres Menschseins wahrnehmen, ausgehend vom Stillpunkt („Schnittpunkt“) der Lebenslinien. Allzu schnell beschränken wir die Realität auf das Materielle und auf äußere Ereignisse, d. h. auf die horizontale Lebenslinie. Die ganzheitliche Sicht jedoch bezieht die Vertikale mit ein und sieht und erfährt die Horizontale im Licht der Vertikalen.

Unser Körper ist in vieler Hinsicht mit den Strukturen der Natur und des Kosmos verwandt. Wir stehen in Wechselbeziehung mit der Schöpfung, wir sind Teil ihrer Bildungskräfte. Die Vertikale erscheint in unserem Körper am offensichtlichsten in der zentralen Mittellinie, in der Wirbelsäule. Bemerkenswert ist der Zusammenhang vom lateinischen Wort *vertex* (Genitiv *verticis*) „Wirbel, Scheitel, Spitze, Gipfel“ mit dem englischen Wort *vertebra*, „Wirbel“ der Wirbelsäule (engl. *vertebral column*). Das Wort „Wirbelsäule“ weist einerseits auf die lebendige Dynamik hin (Wirbel) und andererseits auf die ruhende, tragende Statik (Säule).

Hier sei auch an die Ausführungen zum Thema Wirbelsäule im Kapitel über die Atmung erinnert. Im direkten Zusammenhang mit der (sekundären) Atmung tragen wir ein weiteres Bild der Vertikalen in uns, das Bronchialsystem, das auch Bronchialbaum (Arbor bronchialis) genannt wird. Dieser „Atembaum“ verästelt sich bis in die feinsten Alveolen (Lungenbläschen). Die Luftröhre der Bronchien gleicht einem Stamm, aus dem die Bronchialäste hervorgehen, hin zum rechten und linken Lungenflügel.

Wir bewohnen in unserer Körpermitte einen auf den Kopf gestellten Baum. Über seine Wurzeln (Mund und Nase) nimmt er Sauerstoff auf und gibt Kohlendioxid ab. Über die Blätter (Alveolen) nimmt er Kohlensäure auf und leitet Sauerstoff ins Blut und via Herz in den gesamten Körper. In der Mitte des „Atembaumes“, leicht nach links versetzt, pulsiert das Herz, das wie eine Sonne in den gesamten Körper strahlt.

Die Anatomie des menschlichen Körpers ist eine mikrokosmische Symphonie. Sie ist ein Gleichnis interdimensionaler Formen, Bilder und Klänge. Ich spreche deshalb auch von *heiliger Anatomie*, in Anlehnung an die „heilige Geometrie“. Elemente davon blende ich in den sechs Meditationen ein. Eine weiterführende Betrachtung im Hinblick auf die heilige Anatomie gebe ich im

Anhang 3, „Die Sinne – Wahrnehmungsorgane der Innen- und Außenwelt".

Im Wort „Universum" ist „vertikal" enthalten

Die Vertikalität zeigt uns den Zusammenhang der makrokosmischen und mikrokosmischen Welten und deren Grundlage im Geistigen.

Das lateinische Stammwort von „vertikal" ist *vertere,* was „kehren, wenden, drehen" bedeutet. Das Partizip dieses Verbs lautet *versum,* „gekehrt, gewendet, gedreht", und erscheint im Wort Universum, was zum Ausdruck bringt, dass die Einheit *(unio)* in die Vielfalt entfaltet wurde. Das Licht des göttlichen Urgrundes hat sich nach „außen" gewendet und sich dadurch über verschiedene Stufen verdichtet.* „Uni-*versum*" ist sowohl die Schöpfung als auch der Schöpfungsvorgang, makrokosmisch und mikrokosmisch. Die Vertikalität als Verbindungslinie zwischen dem Ganzen, dem Absoluten, und den vielen Schöpfungen, dem Relativen, beinhaltet zwei Bewegungsrichtungen: die aufsteigende und die absteigende. Die absteigende bewegt sich in die Verdichtung hinein, in die Materie, in die Entfaltung, die Teilung, die Vielfalt. Die aufsteigende führt aus der Verdichtung heraus, zurück in das Urlicht, den Urklang, in das All-Eine, die „Unio". Beide Bewegungen finden gleichzeitig und gleichwertig statt, sowohl in der Schöpfung als auch im Menschen. (Mystiker beschreiben ihre höchste Erfahrung als „Unio mystica".)

* Die kosmische Bewegung aus den feinstofflich-materiellen Dimensionen hinein in die Form und Dichte der physikalisch-materiellen Dimensionen wird *Involution* (multidimensionale Schöpfung) genannt. Die Bewegung von der verdichteten Form zurück in höherschwingende Ebenen des Daseins wird aus spirituell-ganzheitlicher Sicht *Evolution* (Aufstieg) genannt.

Im Stillpunkt der Lebenslinien

Durch das Erleben der Meditation können wir erkennen, dass der menschliche Körper weit mehr ist als ein Produkt seiner Gene. Die Natur des Körpers ist mit dem Planeten Erde und dem Kosmos verbunden. Der unendlichen Vielfalt des Mikro- und Makrokosmos liegt ein immerwährend präsentes, geistiges Moment inne. Auch hier zeigt sich das Zusammenspiel der vertikalen und horizontalen Schöpfungslinien.

In der Entfaltung der kosmischen Welt kommt es zu „Teilung", aber nicht zu Trennung. Der Mensch jedoch kann in ein Bewusstsein der Trennung fallen und handelt dann gegen die Schöpfung und auch gegen sein eigenes wahres Interesse. Er verliert sich in den Themen und Konflikten der horizontalen Ebene, ohne jemals wirklich bei sich selbst anzukommen, weil die vertikale Verbindung nicht mehr Teil der eigenen Ausrichtung ist.

Ruhe und innere Kraft finden wir im Stillpunkt („Schnittpunkt") der Lebenslinien, und der Weg dorthin ist der viel zitierte „Weg in die Mitte". Viele Wege führen in die eigene Mitte, Wege der Inspiration und Meditation. Manchmal sind es auch Schicksalsschläge oder innere Herausforderungen, die Anstoß sind für die Wahl einer solchen Neuausrichtung.

Im Zeit-Raum der Meditation werden „Schatten", die aus der horizontalen Lebenslinie in unserem Bewusstsein auftauchen, nicht weggestoßen oder verdrängt, sondern eingeladen und angenommen, damit wir sie (Ängste, Belastungen, Anhaftungen, Ungeduld usw.) bewusst wahrnehmen und umwandeln können. Das heißt, wir geben sie in das Licht des Herzens, in die Kraft der Stille, in das Feuer der Wandlung.

Meditation bedeutet Loslassen und Gedankenstille. Die Gedanken kreisen nicht mehr um das Alltägliche. Eine innere Ruhe stellt sich ein, und wir kommen in den Stillpunkt, wo sich uns die Vertikale eröffnet. Eine „zündende" Bewusstseinsausrichtung schaltet sich ein, und neue schöpferische Kräfte kommen ins Fließen, zum Beispiel selbstheilende Energien, weiterführende Erkenntnisse, Klarheit in konkreten Lebensfragen, Mut zu Veränderungen im eigenen Leben und ganz alltäglich auch einfach ein konstruktives, positives Handeln mit Freude und Ausstrahlung.

Hier möchte ich zur Überleitung in Teil 2 – das Hören der Meditationen – nochmals betonen, dass der „Stillpunkt" immer auch ein Zeitpunkt ist, für den man sich Zeit nehmen „muss", und dieses „Muss" ist freiwillig.

Die sechs Meditationen leben von der Einfachheit ihrer Form und Inhalte. Einfachheit gibt Raum für das Wesentliche. Die Übungen sind deswegen direkt wirksam. Die Herausforderung ist das gedankliche Loslassen des Alltags und das Sicheinlassen auf die lichtvolle Ganzheit des eigenen Seins.

Teil 2

Sechs Meditationen als Grundlage für die eigene Praxis

Die sechs Meditationen lassen sich in zwei Hauptthemen unterteilen: „Ankommen bei sich“ (Erster Teil) und „Geistige Ausrichtung und Rückverbindung“ (Zweiter Teil).

Der erste Teil (erste bis dritte Meditation) dient der Entwicklung und Stärkung unserer Selbstwahrnehmung, geistigen Präsenz und Sensitivität. Die Meditationen führen zuerst in die Wahrnehmung des Körpers und der Atmung und in einem weiteren Schritt in die Gleichzeitigkeit der Wahrnehmung von Körper und Atmung. Durch das Eintauchen in diese Meditationen werden wir unserer Gedanken und Emotionen im Körper gewahr. Wir leiten den Fluss der Gedanken und Emotionen zur eigenen Mitte, zum Herz, in die Stille. Aus dieser Verbindung tritt eine wohltuende Harmonisierung ein. Der Körper atmet auf. Die Gedanken und Gefühle kommen in Einklang. Wir verlassen freiwillig die gewohnte „Sicherheit“ des Alltagstempos und werden mit dem Erleben der Prinzipien der Mitte, der Gedankenruhe und der Langsamkeit vertraut. Wenn der Körper zur Ruhe kommt und sich die Atmung vertieft, erscheint die Meditation von selbst. Wir ergreifen sie nicht. Wir nehmen sie nicht. Wir machen sie nicht. Wir erleben sie.

Der zweite Teil (vierte bis sechste Meditation) spricht die Ganzheit unserer Persönlichkeit und Wesensnatur an und führt in die Gleichzeitigkeit des Seins. Jede dieser Meditationen ist eine Einladung in den Raum des Friedens, in die spürbare Verbindung und Einheit des physischen und nichtphysischen Seins.

Die Meditationen des ersten und des zweiten Teils ergänzen sich gegenseitig. Beide Teile können zu Fragestellungen hinsichtlich persönlicher Kernthemen führen und neue Dimensionen der Selbsterforschung eröffnen.

Die Meditationen unterstützen sowohl Menschen, die voll im Berufsleben stehen, als auch jene, die sich eine Auszeit nehmen wollen oder durch Krankheit/Unfall „plötzlich“ Zeit für sich haben.

Zur Abfolge der Meditationen

Die sechs Meditationen müssen nicht zwingend in der vorgegebenen Reihenfolge gewählt werden. Jede dieser Meditationen ist eine Einheit für sich. In ihrer Gesamtheit besteht ein Aufbau und eine innere Entwicklung der Themen, aber die Praxis der Meditation gestaltet und entfaltet sich immer individuell und sehr persönlich, wie jede andere Aufgabe im Leben auch, sei es im eigenen Beruf, beim Spielen eines Musikinstrumentes, in der Kunst und nicht zuletzt in der Berufung, Mensch zu sein – sich selbst zu sein.

Die Meditationen können regelmäßig* oder sporadisch ausgeführt werden, allein für sich selbst oder auch zu zweit, zu dritt, mit der Familie oder in einem anderen Kreis. Das Hören der Meditationen von der CD gibt auch ein Gefühl dafür, wie Sie die Texte im privaten Rahmen oder in einem Kurs selbst vorlesen können. Dabei können die Texte nach eigenem Ermessen auch abgeändert, gekürzt oder ergänzt werden.

In allen sechs Meditationen habe ich manche Textstellen mit Klangschalen untermalt. Text und Klang verbinden sich zu einer Klangsprache der Mehrdimensionalität, in die sich unsere Körperzellen ganz natürlich und von selbst einschwingen. Unser Körper geht als „Klangkörper" in Resonanz. Die Klänge transportieren die Schwingung der Stille. Sie tragen die Aufmerksamkeit und begleiten die Ausrichtung. Die Lichtgeometrie des hörbaren Klangs wird meditativ erfahrbar. Wir können im hörbaren Klang die Stille fühlen und in der Stille den unhörbaren Klang. So sind wir frei, mit oder ohne hörbaren Klang zu meditieren im Sinne von Nada Brahma (siehe S. 23).

* Empfehlenswert ist, die einzelnen Meditationen für eine gewisse Zeit regelmäßig auszuführen, idealerweise zum selben Zeitpunkt, um dem Lebens- und Gedankenfluss dadurch Struktur zu geben.

Erster Teil

Ankommen bei sich

Erste Meditation: Fokussieren

Ausrichtung • Ankommen im Körper • Präsenz • Wahrnehmung • Lenkung der Gedanken

Die erste Meditation vermittelt eine Erfahrung von Ruhe und Selbstwahrnehmung. Ich verfasste sie in erster Linie für Kinder, Jugendliche und ihre Bezugspersonen. In dieser einfachen Übung geht es um die Schulung des Fokussierens. Ziel ist, die eigene Aufmerksamkeit zu lenken und bewusst den gegenwärtigen Augenblick zu erleben. Fokussieren ist immer auch ein „Defokussieren", das heißt ein Loslassen von ablenkenden Themen und Gedanken. Wir kennen dies aus dem Alltag, wenn wir zu sehr auf etwas fokussiert und fixiert sind, sei es belastend oder faszinierend und „fesselnd". Einfache Übungen wie die folgende sensibilisieren uns für die Kraft der Gedanken und deren Wirkung auf uns.

Indem wir die Hände auf dem Bauch ruhen lassen und die wegschweifenden Gedanken stets wieder aufs Neue zu den Händen auf dem Bauch lenken, bauen wir die Fähigkeit auf, die Gedanken zu beobachten und mit der Selbstwahrnehmung in Verbindung zu bringen. Wir spüren die Atembewegung. Die Wahrnehmung ist bei den Händen, beim eigenen Körper und bei der Atmung. In dieser Position erhalten wir eine natürliche Art von „Biofeedback".

Den Fokus auf die fließende Atembewegung zu lenken kann wohltuende Veränderungen bewirken. Dabei können warme und nährende Energien in den Händen spürbar werden. Die Ausrichtung geht über die taktil-kinästhetische Erfahrung hin zur Mitte des eigenen Körpers. Dies stärkt das Körpergefühl und das geistig präsente Ankommen in sich. Die persönliche regelmäßige Praxis der Meditation ist bedeutsam für das Konsolidieren und Erweitern der Fähigkeit, Gedanken bewusst wahrzunehmen.

Am Schluss der Meditation steht eine Übung, bei der man sich eine Handbewegung vorstellt und diese dann ausführt. Hier geht es um die Lenkung der Gedanken auf eine selbst erdachte und achtsam ausgeführte Handlung: ein kurzer Moment der präzisen Selbststeuerung vom Territorium der Innenwelt in das Territorium der Außenwelt. Für Kinder stellt dieser Schritt im Alltag nicht selten eine beachtliche Hürde dar, sei es aufgrund von Ablenkung oder mangelnder Konzentration. Das Halten des Fokus bedeutet Konstanz: Man springt nicht gleich zum nächsten Gedanken, sondern bleibt beim konkreten Handlungsablauf. Der Schritt vom Gedanken zur äußeren Handlung wird ganz bewusst vollzogen.

Im geschützten Rahmen der Meditation handelt es sich um eine ganz einfache Übung, aber das hier Geübte kann auf jedes andere Thema und jede andere Situation übertragen werden: die Konzentration bei Hausaufgaben, das Üben mit einem Musikinstrument, waches Zuhören usw.

In Variationen praktiziere ich mit Kindern und ihren Eltern vorzugsweise diese erste Meditation (siehe Artikel zur Meditationsforschung S. 81-86). Sie eignet sich als möglicher Einstieg ab dem Alter von neun Jahren. Nach einer relativ kurzen Zeit des täglichen Praktizierens (z. B. über drei Wochen) können bereits positive Veränderungen wirksam werden, neurologisch messbar, psychosomatisch spürbar und psychosozial erlebbar.

Meditation:
Ankommen bei sich – Fokussieren

Schenke dir einen ruhigen Moment in einem frischgelüfteten Raum.

Nimm eine bequeme Haltung ein. Im Sitzen auf dem Stuhl hältst du den Rücken aufrecht und frei. Er berührt die Lehne nicht.

Im Liegen auf dem Rücken ist das Kinn leicht zum Schlüsselbein gesenkt. Empfehlenswert ist es, ein Kissen unter die Knie zu nehmen.

Lege deine Hände auf deinen Bauch.

Spüre die Atmung.

Nimm die Berührung des Körpers mit dem Stuhl und dem Boden wahr.

Die Füße sind weich und entspannt. Das Becken ist bequem platziert. Der Rücken ist aufrecht. Der Kopf ist frei, himmelwärts offen, wie die Blüte einer Blume.

Du spürst mit deinen Händen die Atembewegung. Du bist bei deiner natürlichen Atmung.

Führe deine Gedanken zu deinen Händen. Lass die Gedanken bei deinen Händen zur Ruhe kommen.

Es ist normal, dass die Gedanken wandern. Führe sie zurück zu deinen Händen.

Nimm die Hände wahr auf deinem Bauch. Du nimmst den stillen Fluss der Atmung wahr.

Lenke deine Aufmerksamkeit immer wieder aufs Neue zu deinen Händen.

Der Bauch ist die Mitte des Körpers.

Wie geht es dir in deiner Mitte, zwischen Kopf und Fuß? Antworte nicht verbal. Spüre einfach, wie es sich anfühlt.

Es ist normal, dass die Gedanken immer wieder abschweifen. Du lenkst sie freundlich zurück zu deinen Händen auf den Bauch.

Schenke dir ein Lächeln. Spüre das Lächeln in dir und auf deinem Gesicht.

Öffne nun leicht die Augen.

Denke an das, was du zuerst, als allernächstes, mit deinen Händen tun wirst.

Öffne die Augen nun ganz. Die Hände sind noch auf dem Bauch bei der Atmung.

Hebe nun langsam die Hände vom Bauch, lenke sie präzise in die Handlung, die du dir vorgenommen hast.

Beobachte, wo du deine Hände hinführst, was du tust und wie du es tust.

Zweite Meditation: Körperempfindung beobachten

Ankommen im Körper • Präsenz • Wahrnehmung • Kontemplation • Nichtreagieren • Lenken der Wahrnehmung auf harmonisierende Inhalte • Selbstheilungskräfte

Mit der zweiten Meditation betreten wir die Innenwelt der Körperempfindung. Wir betrachten das, was wir körperlich wahrnehmen, ohne dies mit Gedanken zu kommentieren. Wir sind Beobachter unserer selbst. Damit üben wir uns in der *Kontemplation*, einer Vorstufe der Meditation.*

Die kontemplative Meditation beruht auf der Wahrnehmung des Körpers und des Raumes, den wir mit unserem Körper füllen und der unseren Körper durchdringt und umgibt. Die Langsamkeit, die wir hier erfahren, kann zu einer Vertiefung der Körperwahrnehmung und zu einer erweiterten Sensitivität führen. Durch dieses scheinbare Stillstehen kommt Neues in Bewegung. Die Gesundheit wird aus der Stille berührt, und wir spüren die Stärkung durch die entspannte Wahrnehmung unserer Präsenz.

* „Zwei grundlegende, sich ergänzende Hilfen auf dem Weg zur Selbsterkenntnis sind Kontemplation und Meditation. Kontemplation (lat. *contemplatio*, ‚Betrachtung') bedeutet, dass wir uns für eine bestimmte Zeit ruhig hinsetzen und das Kommen und Gehen der ständig fließenden Gedanken betrachten, ohne uns von diesen mentalen Impulsen beeinflussen zu lassen. Zweck dieser Übung ist die Loslösung von der Identifikation mit mentalen Vorgängen, indem wir eine innere Distanz gewinnen und das Mentale aus der Position des unterscheidenden Bewusstseins betrachten. [...] Während Kontemplation ein passives inneres Beobachten ist, ist Meditation eine aktive Bewusstseinsausrichtung. Aus der inneren Ruhe der Kontemplation heraus richten wir den Fluss von Gedanken, Gefühlen und Bildern bewusst auf spirituelle [bzw. harmonisierende] Inhalte." (aus: Armin Risi, *Der radikale Mittelweg*, Text 319)

Die Fähigkeit zur inneren Distanz von reaktiven Gedanken und Emotionen eröffnet eine neue Qualität des bewussten Seins. Sie ist das Tor zu einer dynamischen Kraft und schafft die Grundlage zu Wandlung und Transformation: seelisch, geistig und energetisch. Und manchmal geschieht die gesunde Wandlung bis in die Dichte der körperlichen Ebene hinein.

Meditation: Körperempfindung beobachten

Schenke dir einen ruhigen Moment in einem frischgelüfteten Raum und nimm eine bequeme Haltung ein. Im Sitzen auf dem Stuhl ist der Rücken aufrecht und frei. Im Liegen auf dem Rücken neigst du das Kinn leicht zum Schlüsselbein. Du spürst den Raum im Nacken.

Nimm die Berührung des Körpers mit dem Stuhl und mit dem Boden wahr.

Die Füße sind weich und entspannt.

Das Becken ist bequem platziert.

Der Rücken ist aufrecht.

Der Kopf ist frei, himmelwärts offen, wie die Blüte einer Blume.

Lege deine Hände auf deinen Bauch.

Spüre die natürliche Atembewegung.

Mit jedem Atemzug kommst du mehr und mehr an in dir.

Dein Körper ist geborgen in deiner Präsenz.

Zeigt sich dir eine Körperempfindung?

Zeigt sich die Empfindung an einem bestimmten Ort oder im ganzen Körper?

Wie ist die Körperempfindung? Lass dir Zeit zur Wahrnehmung.

Spüre den Raum um die Körperempfindung herum.

Wie ist der Raum rundum?
Ist er groß, klein?
Ist er weit, eng, warm oder kalt?
Hat er eine Farbe? Zeigen sich Formen?
Ist er in Bewegung?
Verändert sich der Raum rund um die Körperempfindung?

Nimm den Raum in der Körperempfindung innen wahr. Wie ist der Innenraum? Ist da eine Farbe spürbar oder sichtbar? Ist Bewegung da? Gibt es eine Veränderung?

Mit welchem Gefühl bringst du die Körperempfindung in Verbindung? Mit Freude, mit Leichtigkeit, mit Liebe, oder ist sie mit Trauer verbunden, mit Angst oder mit Ärger?

Nimm einfach wahr, so wie es ist. Reagiere nicht, auch nicht gedanklich. Sobald du mit den Gedanken reagierst, kannst du das Gefühl nicht mehr erkennen. Dein Körper ist berührt von deinem Gefühl.

Führe das Gefühl in die Stille, in dein Herz hinter dem Herz, in deine Mitte, in die Verbindung zur seelisch-geistigen Kraft und heilenden Wandlung.

Atme in den Bauch aus.

Öffne langsam die Augen.

Bewege die Handgelenke, die Finger, die Fußgelenke, die Zehen und spüre, wie deine Füße mit dem Boden verbunden sind.

Dritte Meditation: Gedanken beobachten

Ausrichtung • Fokussierung • Präsenz • Wahrnehmung und Beobachtung (Kontemplation) • Nichtreagieren • Achtsamkeit

In der dritten Meditation beobachten wir den Atem und die Gedanken. Beobachten ist kein Manipulieren und Kontrollieren, sondern meint das fühlende und wahrnehmende In-Beziehung-Sein mit dem, was ist, so wie es ist. Allein schon durch Achtsamkeit und Betrachtung tritt eine energetische Wende ein. Eine feine Ausdehnung lichtvoller Qualitäten wird spürbar. Die Gesamtatmung schwingt wohltuend im Körper.

Wir begegnen dem ersten Gedanken, der spontan auftaucht. Wir schenken diesem Gedanken für einen kurzen Moment Aufmerksamkeit. Jedem Gedanken liegt eine Emotion zu Grunde, das heißt auch eine Energie, ein elektromagnetisches Feld, ein neurologisches Geschehen und letztlich eine innere Ausrichtung, ein Wille, ein Impuls von Bewusstsein.

Wir erkennen und anerkennen den Gedanken, der gerade auftaucht, und führen ihn der Emotion zu, die ihm zu Grunde liegt. Die emotionale Bewegung und Färbung neutralisiert sich. Dieser Phasenwechsel (Shift) führt zum Hintergrund der Stille des Herzens, hin zu dem tieferen seelischen Gefühl, das uns an die uns innewohnende Schöpferkraft erinnert. Ein Gedanke, der aus diesem Bewusstsein entsteht, schenkt uns die Achtsamkeit, aus deren Kraft heraus wir mit innerer Souveränität (bewusstes Reagieren/Nichtreagieren) handeln können.

Meditation: Gedanken beobachten

Schenke dir einen ruhigen Moment in einem frischgelüfteten Raum und wähle eine Position, die dich in der Meditation unterstützt.

Spüre die Berührung deines Körpers mit dem Stuhl und mit dem Boden.

Entspanne dich in die Berührung hinein.

Genieße den natürlichen Fluss der Ein- und Ausatmung.

Beobachte den Raum zwischen der Ein- und Ausatmung – den Zwischenraum.

Füge der Atmung nichts hinzu, nimm ihr nichts hinweg. Sei bei der Atmung, so wie sie ist.

Nimm den Gedanken wahr, der jetzt gerade auftaucht. Es kann ein Bild sein oder eine Vorstellung.

Mit welchem Gefühl steht der Gedanke, das Bild oder die Vorstellung in Verbindung? Antworte nicht verbal. Nimm einfach wahr.

Die Wahrnehmung gelingt dir am besten, wenn du nicht auf den Gedanken reagierst. Nimm das Gefühl wahr.

Der Körper ist berührt vom Gefühl, das dem Gedanken zugrunde liegt.

Führe das Gefühl in die Stille, in dein seelisch-geistiges Herz.

Atme tief in den Bauch aus.

Öffne langsam die Augen.

Bewege die Handgelenke, die Finger, die Fußgelenke. Bewege die Zehen und spüre, wie deine Füße mit dem Boden verbunden sind.

Zweiter Teil

Geistige Ausrichtung und Rückverbindung

Vierte Meditation: Innen und Außen sind eins

Ankommen im Körper • Wahrnehmung und Gewahrsein • Mystisches Still-Sein • Eintauchen in die Energieräume • Einheit von Innen und Außen • Ich-Bin-Präsenz

Keine der sechs Meditationen ist nur zum Lesen gedacht. Dies gilt vor allem für die Meditationen im zweiten Teil, und hier wiederum besonders für die vierte Meditation. Auf der CD ist diese Meditation ein Wechsel von Wort, Stille und Klang. Sie enthält nicht viele Worte und „Anweisungen", es geht nicht um intellektuelle Information, sondern um Transformation.

Die vierte Meditation lädt ein in das Erleben des Bewusstseinsraums, der sowohl innen als auch außen ist. Innen und Außen sind eins. Subjekt und Objekt sind nicht getrennt. Das Objektive ist nicht getrennt vom Subjektiven. Einheit bedeutet: Alles ist verbunden. Deshalb können wir innerlich das Äußere wahrnehmen, ja das Äußere wird immer innerlich wahrgenommen! Einheit bedeutet nicht eine Auflösung von Innen und Außen, sondern das Wahrnehmen des Verbundenseins von Innen und Außen. Das Innere und Äußere sind nicht getrennte Teilbereiche. Beide sind Aspekte der großen Ganzheit, die alles trägt und mehr ist als die Summe der Teile. Der Körper ist vom Licht der Seele getragen, und dieses Licht können wir innen und außen wahrnehmen.

Meditation:
Geistige Ausrichtung und Rückverbindung – Innen und Außen sind eins

In einem ruhigen, frischgelüfteten Raum nimmst du eine Körperhaltung ein, die dich während der Meditation unterstützt.

Lass deine Gedanken zur Ruhe kommen.

Mit jedem Atemzug kommst du mehr und mehr an – in dir.

Löse dich für einen Moment vom äußeren Bild deines Körpers.

Nimm den Innenraum wahr als ein einziges Feld bewusster Energie.

Fokussiere dich auf die Empfindung des einheitlichen Feldes.

Du bist verbunden mit deinem inneren Selbst, mit deiner eigentlichen Natur.

Gleichzeitig bist du mit deinem äußeren physischen Körper verbunden.

Sie sind eine Einheit.

Deine Aufmerksamkeit ist sowohl innen als auch außen.

Ruhe in der Wahrnehmung, solange es sich gut anfühlt.

Öffne langsam die Augen. Bleibe bei dir in deiner Präsenz, während du dich mit deinem Bewusstsein nach außen richtest.

Fünfte Meditation: Entfaltung und Wandlung

Präsenz • Wahrnehmung • Stille • Transformatives Atmen • Wandlung durch Verbindung mit der inneren Quelle

Die Atmung ist die ursprüngliche Form eines rezeptiven und aktiven Lebensvorgangs. Wir können die Einheit von Ein- und Ausatmen als ein Instrument der Wandlung erleben. Die Atmung entfaltet hierbei eine transformative Wirkung. Transformation bedeutet, dass „Form" umgewandelt und verändert wird. Zu den Formen gehören die Gedanken, die ihrerseits wiederum den Körper beeinflussen, und umgekehrt. Bildhaft gesagt, erblühen die Gedankenformen – wenn sie mit der inneren Quelle verbunden sind – wie Blumen aus der Ganzheit heraus. Die im Informationsfeld der Ganzheit angelegten Urformen sind frei von ungesunden „Verformungen". Durch eine transformative Atmung kann so manches, was in uns blockiert ist, wieder in seine natürliche, harmonische Form zurückfinden.

Die Atmung ist die Vermittlerin zwischen Körper, Geist und Seele (siehe Kapitel 2). Der Körper ist unser nächster Verbündeter auf unserem irdischen Weg. In der Einheit des Körpers anzukommen ist immer wieder wie eine neue Geburt. „Ich fühle mich wie neugeboren!"

Gedanken und Emotionen beeinflussen oftmals unbewusst und reflexiv den Körper, die Körperhaltung und die Atmung. Ein transformatives Atmen lässt die Wechselwirkung zwischen den feinvitalen Körpern und dem physischen Körper fühlbar werden. Die Atmung, die sich meist unbewusst und „automatisch" vollzieht, geschieht in der Meditation nun bewusst im Gewahrsein des „Nichtstun". Wir erlauben dem Körper einen Zustand der Entspannung und ermöglichen dadurch eine still-offene Atembewegung, die getragen ist vom Licht der Seele, Atman (siehe S. 34 f.).

Eine von heilsamer Absicht begleitete Atmung wirkt in ruhevoller Einfachheit und durch die Reinheit der Ausrichtung. Sie wirkt transformativ auf der Grundlage des Einatmens, d. h. des Empfangens und Aufnehmens von Lebenskraft (Prana), und des Ausatmens, das mit einem Loslassen und Abgeben von „Lasten" verbunden werden kann. Loslassen und Abgeben haben eine läuternde Wirkung und schaffen Freiraum für das Empfangen.

Meditation: Entfaltung und Wandlung

Schenke dir einen ruhigen Moment. Nimm eine Körperhaltung ein, die dich in der Meditation unterstützt.

Mit jedem Atemzug kommst du mehr und mehr an in dir.

Begrüße deine Füße, die Fußgelenke, die Knie, die Hüftgelenke, das Becken, den Bauch, den Rücken, den Hals, den Kopf, die Schultern, die Arme, die Hände. Das Gesicht und der Kiefer sind gelöst. Du bist entspannt und präsent.

Schenke deinem Körper, dem Mikrokosmos der Schöpfung, ein Lächeln.

Entspanne deinen Körper.

In der Tiefenentspannung spürst du die feine Wechselwirkung zwischen deinem inneren Licht und deinem physischen Körper.

Du bist das ewige Licht in dir.

Dein Körper ist getragen vom Licht deiner Seele.

Entspanne ihn noch tiefer im Licht, aus dem er lebt.

Genieße die Atmung und den Raum zwischen der Ein- und Ausatmung.

Schwingungen und Muster, die nicht zu dir gehören, werden von der Stille berührt und kraft der Mitte deines Herzens gewandelt. Von selbst.

Mit der Einatmung atmest du die Liebe und den Frieden aus der himmlischen Quelle ein. Mit der Ausatmung geht von dir, was nicht zu dir gehört, zurück in die ursprüngliche, göttliche Ordnung. Die Körperzellen regenerieren sich. Die Harmonie ist wirksam bis auf die atomare Ebene.

Du verweilst in dieser Atmung, geleitet von deinem inneren, einen Selbst.

Mit der Einatmung atmest du die Liebe und den Frieden aus der himmlischen Quelle ein. Mit der Ausatmung geht von dir, was nicht zu dir gehört, zurück in die göttliche Ordnung.

Mit der Einatmung atmest du die Liebe und den Frieden aus der himmlischen Quelle ein. Mit der Ausatmung geht von dir, was nicht zu dir gehört, zurück in die göttliche Ordnung.

Ruhe in dir, in deiner Schönheit und Ganzheit.

Spüre die Atembewegung im Bauch.

Nimm deine Füße wahr in Verbindung mit der Erde. Nimm die Berührung des Körpers wahr mit der Luft, mit den Kleidern auf der Haut, dem Stuhl und dem Boden.

Öffne langsam die Augen und bleibe bei dir in deiner Präsenz, während du dich wieder der äußeren Welt zuwendest.

Sechste Meditation: Ganzheitliche Verbindung

Ankommen im Körper • Präsenz und Stille • Kohärenz • Vertikalität • Verbindung von Mikrokosmos und Makrokosmos • Resonanz • Klang und Einklang

Für die sechste Meditation gönnen wir uns eine halbe Stunde Zeit. Wir begeben uns vom alltäglichen ins nichtalltägliche Bewusstsein. Wir lassen uns ein auf den Fluss der mystisch-ganzheitlichen Wahrnehmung. Besonders in dieser Meditation sind wir eingeladen, hinter den Worten auch den Klängen zu lauschen, mit den Ohren und dem ganzen Körper. Denn auch unser Körper, die Organe und die Körperzellen nehmen Schwingungen wahr und gehen entsprechend in Resonanz. Wir erfahren uns als Teil der mikrokosmischen und makrokosmischen Schöpfung. Wir sind in ihr, so wie auch sie in uns ist. Wir aktivieren eine lichtvolle Qualität, über die wir mit dem Kollektiv der Menschheit verbunden sind. Diese Qualität ist immer und überall da, aber wir erfahren sie nicht unbedingt spontan und von selbst. Die Verbindung ist abhängig von unserer „vertikalen" Ausrichtung.

Wir fühlen während der Meditation leicht und entspannt den Rücken, indem wir in der senkrechten Mitte ruhen, himmelwärts, erdwärts, in der großen Vertikalen unseres lebendigen Seins. Musikalisch dargestellt, entspricht die Vertikale der von Oktave zu Oktave führenden Tonleiter, ausgehend von einem Grundton *do* zum nächsthöheren oder nächsttieferen Grundton *do*. Das Singen der Tonleiter mit Silben wird Solmisation genannt, abgeleitet von den Tonsilben *sol* und *mi*.*

Die Oktaven, die sich sowohl in der Tiefe als auch in der Höhe bis an die Ufer des Immateriellen fortsetzen, weisen auf die Dimensionen hin, in die wir als Mensch sowohl im Mikrokosmos als auch im Makrokosmos eingebettet sind. Der Mikrokosmos geht jenseits des Wahrnehmbaren mehr und mehr in die „Tiefe“ und ins Kleine – nicht nur jenseits des Wahrnehmbaren, sondern auch jenseits des Vorstellbaren, denn diese Tiefen gehen ins Unendliche. Dasselbe gilt für die „Höhe“ und die Größe des Makrokosmos. In der Unendlichkeit des Kleinen und Großen berühren sich die materiellen und immateriellen Dimensionen.

Die Tonfolge der Oktaven symbolisiert die Vertikalität der Unendlichkeit, die auch in unserer menschlich-göttlichen Natur zum Ausdruck kommt, ausgehend vom Lichtkörper bis hin zum physischen Körper und umgekehrt.

Die Vielfalt der geistig-kosmischen Abbilder in der Natur, Kunst und Kultur erinnert uns an die innere Einheit der schöpferischen Lebensströme und damit an die eigene Schöpferkraft. Die sechste Meditation stimmt uns ein auf den Weg der feineren Gesetzmäßigkeiten und die Erforschung des inneren Selbst mit Ausrichtung auf die Ganzheit, mit der wir immer verbunden sind.

* Die Namen der Töne gehen auf Guido d'Arezzo (992 - 1050 n. Chr.) zurück. In der pythagoräischen und alchimistischen Tradition wurden die Namen *do, re, mi, fa, so, la, ti, do* auch entsprechend der Hierarchie des Weltalls (Sphärenklang, Sphärentöne) interpretiert. Von oben nach unten, vom „Himmel“ zur Erde: *do,* von *dominus,* als Bezeichnung für Gott; *ti,* ursprünglich *si,* von *sider,* „Stern“ (alle Galaxien); *la,* von *via lactea,* „Milchstraße“ (unsere Galaxie); *so,* von *sol,* „Sonne“; *fa,* von *fata,* Plural von *fatum,* „Schicksal“ (als Sammelbegriff für die Planeten des Sonnensystems im Sinn von „Schicksalsindikatoren“, vergleichbar mit den Zeigern einer Uhr, die Indikatoren der Tageszeit sind); *mi,* von Mikrokosmos, „kleiner Kosmos“ (unsere Erde); *re,* von *Regina coeli* oder *Regina caeli,* „Königin des Himmels“ (Mond); *do,* von *dominus,* „Gott“, Urgrund und Ganzheit, die Quelle der Schöpfung. Das musikalische Schreiten von *do* zu *do* bringt zum Ausdruck, dass die Schöpfung aus dem allbewussten All-Einen hervorgeht und wieder dorthin zurückkehrt.

Meditation:
Ganzheitliche Verbindung

Wähle eine Körperhaltung, die dich während der Meditation unterstützt.

Mit jedem Atemzug kommst du mehr und mehr an in dir.

Du bist entspannt und präsent.

Unter dir, um dich herum und in dir ist das Licht deiner Seele.

Lass deinen Körper ankommen und sich noch tiefer entspannen.

Du bist im Licht deiner ewigen Seele geborgen.

Du bist in deiner Mitte.

Lehne dich leicht in deinen Rücken zurück, in dein Rückgrat, deine Senkrechtigkeit.

Verbinde dich bis oberhalb deines Hauptes, himmelwärts, mit dem All-Einen, dem Absoluten.

Aus deinem Herz verbindest du dich mit deinen Füßen und tiefer senkrecht mit dem Herzen der Erde, der Mitte unseres wundervollen Planeten.

Du ruhst in der Stille, in dir als Mensch, zwischen Himmel und Erde.

Genieße den Rhythmus deiner natürlichen Atmung.

Den Atem kannst du nicht vorholen und nicht nachholen. Er ist immer neu, da wo du bist, jetzt und in jedem Augenblick. Er führt dich in deine Gegenwart. In ihr liegt dein Zugang zur Ewigkeit, zur Verbindung als himmlischer Mensch und irdischer Mensch.

Genieße das Wunder deiner natürlichen Atmung, aus der Stille deiner Gegenwart.

Wenn der Körper, die Gedanken und die Gefühle mit dem Licht deiner ewigen Seele in Resonanz sind, in Einklang, auf einer Achse vertikal ausgerichtet, bist du eins mit dir und deiner Schöpferkraft.

Nimm wahr, was sich dir aus deiner Mitte kundtut, als Empfindung, als Bild, als Gedanke.

Alles ist Teil des großen Lebens. Auch du bist Teil des großen Lebens.

Das Wissen der Erde und das Sonnen- und Sternenwissen leuchtet in den Elementen und Zellen deines Körpers, in jedem Atom. Du bist verbunden mit der großen und kleinen Schöpfung.

Denke einen Moment an die Schönheit der Erde, der Sonne, des Sternenhimmels und an die unendlich vielen Galaxien und Universen im Kosmos.

Deine Atmung ist fein und leicht, während sich deine Präsenz vertieft.

Du ruhst in deiner Ganzheit.

Spüre die Atembewegung im Bauch. Nimm deine Füße wahr in Verbindung mit der Erde. Nimm die Berührung des Körpers wahr mit der Luft, mit den Kleidern auf der Haut, dem Stuhl und dem Boden.

Öffne langsam die Augen und bleibe bei dir, in deiner Präsenz, während du dich wieder der äußeren Welt zuwendest.

Meditieren

Ist wie auf Fahrt zu gehen
im Boot des Friedens,
erhöht und erhoben
im Dasein des Lebens,

furchtlos auf Wellen,
berührt von der Sonne,

in Selbst-Verwandlung,
auf Wassern geläutert,
zur heiligen Urform
des eigenen Wesens.

Einheit in Liebe durch Raum und Zeit.

Anhang 1

Dieser Text beruht auf einem Artikel, den ich für das *Bulletin Psychomotorik Schweiz* geschrieben habe, veröffentlicht in der Ausgabe März 2017, S. 18/19, unter dem Titel „Meditation – in Ruhe die Bewegung der Gedanken spüren", hier ergänzt mit Elementen aus meinem Vortrag am 10. Schweizer Heilpädagogik-Kongress in Bern (2017).

Meditation – Forschung und pädagogische Anwendung

Die jahrtausendealte Praxis der Meditation wird seit rund zwanzig Jahren wissenschaftlich-interdisziplinär erforscht, mit dem Ziel, vertiefte Erkenntnisse über die Arbeitsweise des Gehirns zu gewinnen. Durch diese wissenschaftliche Begründung eröffnen sich für die Anwendung im professionellen Bereich viele neue Möglichkeiten, um die positive Wirkung der Meditation nachhaltig zu nutzen.

Grundformen der Meditation

Im weiten Bereich der unterschiedlichen Meditationsformen geht die wissenschaftliche Forschung von der klassischen Grundform aus: ruhige Körperhaltung, Entspannung und innere Stille. In der Meditationspraxis werden folgende Fähigkeiten gefordert und gefördert: Körperwahrnehmung und Körperbewusstsein, Konzentration, Fokussierung, Visualisierung (mentale Ausrichtung), Ankommen bei sich, innere Ausgeglichenheit (emotionale Regulation), intuitives Denken, Verbindung mit dem eigenen Selbst (seelisch-spirituelle Fragen). Je nach Meditationsform liegt die Ausrichtung schwerpunktmäßig auf dem physischen Körper, auf den Gedanken, den Emotionen, auf Klang (z. B. Klanggabeln und Klangschalen), auf Gesang (Choräle, Mantren), auf der Bewegung des Körpers (Gehmeditation, Chigong, sakrale Klangbewegungen, Tanz), auf Rhythmus (Musik, Trommeln), auf inneren oder äußeren Bildern, auf der Natur (Mikro-Makrokosmos) und/oder auf seelischen Qualitäten wie Mitgefühl, Güte, Frieden und Liebe. Die wissenschaftliche Meditationsforschung misst und analysiert, welche Veränderungen dabei im Menschen neurologisch ausgelöst werden.

Kurzdarstellung der Meditationsforschung

Die Meditationsforschung stößt auf ein breites wissenschaftliches und öffentliches Interesse. Konferenzen und Symposien widmen sich dem Thema, so etwa der seit 2010 in Berlin stattfindende interdisziplinäre Kongress „Meditation und Wissenschaft", die Tagungen der „Society for Meditation and Meditation Research" (Köln) und die Symposien des „Mind and Life Institute" (1987 vom Dalai Lama und dem Neurowissenschaftler Francisco Varela gegründet).

Die Grundlagenforschung zeigt, dass die Meditation eine Methode ist, die es ermöglicht, die Steuerung der Gedanken und Gefühle zu erlernen. Dies geschieht durch regelmäßige Übung und die daraus erfolgte Regulation des eigenen Gehirns. Diesbezüglich wichtige Arbeiten stammen vom amerikanischen Neurologen Prof. Marcus Raichle. Er entdeckte ein neuronales Netzwerksystem (Default-Mode-Netzwerk), das in der Messung sichtbar werden lässt, was der Mensch neurologisch tut, wenn er „nichts" tun soll. Dabei zeigte sich, dass bei Kontrollpersonen ohne Meditationserfahrung in solchen Momenten das Gehirn enorm aktiv wird, im Gegensatz zu meditationserfahrenen Menschen.

Wirkungsweisen der Meditation

Meditation schafft die Erfahrung der persönlichen, in sich ruhenden Präsenz. Sie fördert das Körperbewusstsein sowie die Fähigkeit, eine innere Distanz zum Fluss der Gedanken und Gefühle zu finden, um dadurch mit ihnen bewusst umgehen zu können, das heißt, in unseren Reaktionen nicht einfach von ihnen bestimmt zu werden. Mit der Fähigkeit zur Selbstbestimmung und Selbstregulation können zudem emotional herausfordernde Situationen und Erschütterungen abgefedert werden. Man bleibt innerlich in einem dynamisch-stabilen Zustand. Die Selbstverantwortung bezüglich des eigenen Innenlebens wächst. Das hat ein Zu-sich-Kommen und Bei-sich-Bleiben und damit auch eine gute Stressbewältigung zur Folge.

Der meditationserfahrene Mensch ist aufmerksam sich selbst und dem eigenen Körper gegenüber. Er reagiert entsprechend präventiv. Nach Angaben zahlreicher Veröffentlichungen (siehe Hinweise auf die fachspezifische Forschung am Schluss dieses Artikels) zeigen die Strukturen und Aktivitäten des Gehirns bei regelmäßig meditierenden Probanden und bei nichtmeditierenden Probanden signifikante Unterschiede. Das ist einer der Gründe, weshalb die Meditation akademisch zunehmend differenziert und in allen ihren Bestandteilen untersucht wird.

Gedanken zur Praxis

Der Wissenschaft gelang es, die vormals auf ein klösterliches Umfeld beschränkte Methode der Meditation für „säkulare" Fachbereiche zu erschließen: Schule, Bildung, Wirtschaft, Coaching-Bereich, klinischer Bereich, Pflegebereich, Körper- und Bewegungstherapie, Psychotherapie. Auf der einen Seite erkennen wir heute einen hohen Bedarf an komplementären Methoden wie der Meditation.

Auf der anderen Seite haben wir akademisch-universitäre Studien, die zeigen: Meditation ist wirksam. Angebot und Nachfrage gilt es nun konkret und praktisch zusammenzuführen.

Diese diversen Bereiche bieten aufgrund ihrer fachlichen Grundlagen eine wertvolle Basis zur praktischen Anwendung von Elementen der Meditation, sofern die entsprechende Fachperson einen persönlichen Zugang dazu hat.

Meine ersten Meditationserfahrungen gehen auf mein zwölftes Lebensjahr zurück. Meine Eltern besuchten mit uns drei Kindern das bekannte ökumenische Zentrum von Taizé*. Später lernte ich im Laufe meiner ausgedehnten Reisen unterschiedliche Meditationsweisen kennen, und persönlich praktiziere ich täglich Meditation. Seit zehn Jahren leite ich selbst Meditationen (monatlich, in kreativ variierender Form).

Im Jahr 2016 begann ich, mit Kleingruppen von Kindern – in Begleitung von Mutter und/oder Vater oder eines anderen erwachsenen Familienmitgliedes – geführte Kurzmeditationen zu leiten. Sie dauern jeweils mit Ein- und Ausklang maximal acht bis fünfzehn Minuten. Die Kinder sind nicht unter neun Jahre alt.

Kinder, mit denen ich die erste der sechs Meditationen (S. 59 f.) durchführe, haben folgende Entwicklungsthemen: soziale Unsicherheit, Frustrationsintoleranz, Trennungs-, Scheidungs- und Verlusterfahrung, Unruhe, Unaufmerksamkeit, erhöhte Ablenkbarkeit, Nervosität, Onychophagie (Fingernägelkauen), Aggression, Tagträumen in der Schule, hohe Sensibilität bis Hochsensitivität, usw.

* „Communauté de Taizé", ein internationaler ökumenischer Orden in Taizé in Frankreich (Burgund); bekannt ist dieser Ort insbesondere durch die jährlichen Jugendtreffen, an denen jeweils Zehntausende von Menschen aus aller Welt teilnehmen.

Nach der kurzen Meditation berichten sie spontan, wie es ihnen ergangen ist. Der elfjährige S. zum Beispiel sagte nach seiner ersten Meditationserfahrung: „Meine Hände wurden auf einmal schön warm." Nach der zweiten Meditationserfahrung sagte er: „Ich kann meine Gedanken auf die Hände richten, dann gehen die Gedanken wieder weg und dann kommen sie wieder. Sie gehen hin und her."

Die Mutter des neunjährigen N. erzählte: „Er kaut seit gut einem halben Jahr nicht mehr an den Fingernägeln." Und die Lehrerin berichtete von einem Rückgang aggressiver Vorfälle auf dem Pausenplatz in der Schule und einer besseren Beteiligung am Unterricht. Weiter sagte mir die Mutter, sie habe eine „Ruhe-CD" zu Hause, und ihr Sohn habe nun von sich aus begonnen, diese CD anzuhören, bevor er die Hausaufgaben erledige. Sie war erstaunt über die souveräne Selbstbestimmung des Kindes.

Als N. und S. nach der gemeinsamen Kurzmeditation an die Kletterwand gingen und sich von den Dachstockbalken abseilten, sprachen sie miteinander angeregt über die zuvor gemeinsam erlebte Meditation. Es war für sie eine neue Erfahrung, in Ruhe die Bewegung der Gedanken zu spüren und zu lenken und Momente bewusster Wahrnehmung ohne äußeres Tun zu erleben.

Wenn in einer Gruppe oder in der Schulklasse meditiert wird, soll das Kind wählen können, ob es mitmachen will oder nicht. Wer nicht mitmachen möchte, kann sich an den Rand des Raumes setzen, in Ruhe beobachten oder zum Beispiel in einem Buch lesen. Bei der Meditation gibt es kein Muss, auch nicht hinsichtlich der Form oder der Körperhaltung: die Kinder können stehen oder auf einem Stuhl oder auf dem Boden sitzen oder auf einer Matte liegen. Die Augen zu entspannen ist wichtig, kann jedoch unterschiedlich getan werden. Einige schließen die Augen, andere schauen anstrengungslos vor die eigenen Füße oder ruhen im Wahrnehmungsfeld der äußeren Augenwinkel. Ich formuliere Positionen und Haltungen als Empfehlung und Möglichkeit.

Angesichts der Herausforderungen im öffentlichen und privaten Leben, verursacht durch die hohe Computer- und Medienpräsenz, Apparatespiele usw., ist es bedeutsam, die „meditativen" Fähigkeiten von Kindern, Jugendlichen und Erwachsenen zu fördern und zu unterstützen.

Literaturhinweis

Ulrich Ott, Psychologe und Meditationsforscher am „Bender Institute of Neuroimaging", Universität Gießen: *Meditation für Skeptiker – Ein Neurowissenschaftler erklärt den Weg zum Selbst*, O. W. Barth Verlag, München 2010.

Schriften von Marcus E. Raichle, Professor für Neurologie. Er ist Entdecker des Default-Mode-Netzwerks, auch Bewusstseinsnetzwerk genannt, und erhielt 2014 den Kavli-Preis (siehe: kavliprize.org) in Neurowissenschaft *„for the discovery of specialized brain networks for memory and cognition"*, zusammen mit Brenda Milner und John O'Keefe.

Peter Sedlmeier, Professor für Forschungsmethodik und Evaluation am „Institut für Psychologie" an der Technischen Universität Chemnitz: *Die Kraft der Meditation – Was die Wissenschaft darüber weiß*, Rowohlt Polaris Verlag, Reinbek 2016.

Wolf Singer, Direktor am Max-Planck-Institut für Hirnforschung in Frankfurt am Main, Gründungsdirektor des „Frankfurt Institute for Advanced Studies" (FIAS), und Matthieu Ricard (war Molekularbiologe am „Institut Pasteur" in Paris und wurde dann buddhistischer Mönch): *Hirnforschung und Meditation – Ein Dialog*, Suhrkamp Verlag (edition unseld), Frankfurt am Main 2008, 9. Auflage 2017

Prof. Dr. Tanja Singer, Tochter von Wolf Singer, Meditationsforscherin und Direktorin des Max-Planck-Instituts in Leipzig: *Mitgefühl im Alltag und in der Forschung* (kostenloses e-book, 2011).

Anhang 2

Dieser Text basiert auf einem Artikel, der im Magazin „Lichtfokus" Nr. 41/2013 veröffentlicht wurde.

Die fünf Bewusstseinsebenen: Beta, Alpha, Theta, Delta und Gamma

Alles schwingt und pulsiert, sowohl im Großen als auch im Kleinen, jeder Himmelskörper in der Galaxie, jedes Organ unseres Körpers. Wie der Ton im Schwingungszyklus einer Sekunde werden auch die Schwingungen der Organe und des Gehirns in Hertz gemessen. Die Frequenzen der Gehirnwellen sind fluktuierend und überlagern sich. Sie sind lebendig-fließend und können im Grunde nicht mathematisch exakt voneinander getrennt werden. Dennoch werden fünf dynamische Kategorien unterschieden:

Beta:	13 - 30 Schwingungen pro Sekunde
Alpha:	8 - 12 Schwingungen pro Sekunde
Theta:	4 - 7 Schwingungen pro Sekunde
Delta:	½ - 3 Schwingungen pro Sekunde
Gamma:	ab 30 Schwingungen pro Sekunde, nach oben offen

Die nachfolgenden Beschreibungen dieser fünf Kategorien können uns als Orientierungshilfe dienen, um den jeweils vorrangig erlebten Bewusstseinszustand zu erkennen und je nach Bedürfnis oder Wahl ändern oder anpassen zu können.

Erst seit jüngerer Zeit wird auch der Frequenzbereich Gamma untersucht. Festgestellt hatte man ihn schon früher, aber die entsprechenden Signale wurden für Störfaktoren des Messgeräts gehalten. Der Gammabereich unterscheidet sich grundlegend von den vier anderen Kategorien. Weil er in einem gewissen Sinne übergeordnet ist und die Forschung ihm keinen bestimmten Bewusstseinszustand zuordnet, setze ich ihn an den Schluss dieser Erklärung.

Eigenschaften der fünf Wellenmuster

Das Betamuster entspricht dem Tagesbewusstsein. In der Alltagsrealität erfahren wir hauptsächlich die Kategorie der Beta-Gehirnwellen. Das heißt, im Betamuster sind wir nach dem äußeren Leben orientiert. Wir sind aktiv involviert, rational engagiert, mental wach und fokussiert.

Alpha-Gehirnwellen erscheinen im entspannten Wachzustand, beim Tagträumen und in leichter Meditation. Kreative Visualisation und auch künstlerisch- und körpertherapeutische Aktivitäten werden sinnvollerweise in diesem entspannt aktiven Zustand ausgeführt. Das Alphamuster kann auch schon während alltäglich automatisierter Tätigkeiten erscheinen, wie zum Beispiel während des Zähneputzens, während des Fahrradfahrens, bei einem Waldspaziergang, am Meeresstrand usw. Ein umgangssprachlicher Ausdruck hierfür ist „im Flow sein".

Das Thetamuster ist der Zustand der tiefen Entspannung und der Traumphase* und auch der inspiriert-intensiven Kreativität (wenn man die Zeit vergisst). Über Theta bekommt man Zugang

* Obwohl man sich im Tagesbewusstsein (Beta) für gewöhnlich an nichts erinnern kann, was während des Schlafs (Delta) geschehen ist, sind während des Schlafens sehr wohl Bewusstseinsaktivitäten vorhanden. Beim Phänomen des luziden Träumens ist man sich während des Traumes (Theta) bewusst, dass man träumt. In einem solchen „Klartraum" ist es möglich, nach eigenem Entschluss zu handeln und in den Verlauf des Traumes einzugreifen.

zu unterbewussten Bereichen der Erinnerung, z. B. über Hypnose, zu einem erhöhten Lernvermögen und zu einer klareren Wahrnehmung der Intuition. Es ist möglich zu lernen, diesen Zustand bewusst einzuleiten. Auf der Grundlage dieser Forschungen existiert heute auch eine Heilmethode namens Theta-Healing, ebenso eine Methode namens Delta-Healing.

Delta ist unter den fünf Kategorien der langsamste Wellenbereich und ist der vom Tagesbewusstsein entfernteste Zustand, wie die meisten Menschen ihn nur noch während des Tiefschlafs erfahren, falls sie während des Schlafs überhaupt noch in dieses regenerative Wellenmuster finden. Delta-Gehirnwellen treten aber nicht nur im Tiefschlaf auf, sondern z. B. auch, wenn wir in einem entsprechenden Bewusstsein meditieren oder heilend tätig sind. Die Deltaschwingung ist hilfreich für die tiefe Regeneration und zur Aktivierung der natürlichen Ressourcen und Selbstheilungskräfte.

Weil im Deltazustand das Bewusstsein am weitesten von äußeren Projektionen losgelöst ist, gehen Mystikerinnen und Mystiker in diesen Zustand, um bei der Erhöhung des kollektiven und interdimensionalen Bewusstseins mitzuwirken.

Lange meinte man in der neurologischen Forschung, mit diesen vier Kategorien das gesamte Spektrum der Wellenbereiche des Gehirns erfasst zu haben. In den letzten dreißig Jahren wurde aber zunehmend erkannt, dass unser Gehirn auch Frequenzen erzeugt, die höher schwingen als die Beta-Kategorie, nämlich mit 30–80 Schwingungen pro Sekunde und mehr. Die Gammawellen wirken als übergeordnete Steuerfunktion der vier anderen Bewusstseinszustände. Sie synchronisieren die weiträumig verteilten Hirnregionen, und zwar phasenverbunden und „gleichzeitig". Es entsteht fast der Eindruck, sie kämen sowohl vom Gehirn als auch „von außerhalb". Kurz gesagt, sind Gammawellen nach dem derzeitigen

Wissensstand zuständig für ganzheitliche Wahrnehmungs- und Erkenntnisprozesse. Gammawellen sind möglicherweise das Tor zur sogenannten Hyperkommunikation.*

Träume und innere Bilder

„Ein unbeachteter Traum ist wie ein ungeöffneter Brief."
– Altjüdisches Sprichwort

Menschen, die ihr bewusstes Wahrnehmen auf den Betazustand beschränken, meinen, wir würden nur nachts träumen und am Tag nicht. Ja sie meinen, nachts sei es zulässig, bildhafte Botschaften zu erhalten, und am Tag nicht. Wir tun es jedoch in Wirklichkeit ununterbrochen, sowohl in der Nacht als auch am Tag, so wie wir auch tagsüber und nachtsüber atmen, und dies auf verschiedenen Ebenen, sowohl durch die Lungen (Sekundäratmung) als auch über die Haut, das Gewebe und die Zellen (Primäratmung). Ebenso umfasst unsere Wahrnehmung verschiedene Ebenen der bewussten und unbewussten Informationsaufnahme. Das Informationsfeld der Träume bewegt sich zwischen den Ufern der inneren und äußeren Welten. Es ist sowohl mit dem Bewusstseinsfeld der Seele als auch mit den Energiefeldern des Körpers verbunden.

Träume sind Briefe der Seele. Und die Seele beschränkt ihren „Postversand" nicht auf irdische Öffnungszeiten. Wann immer „Traumbriefe" im persönlichen Tagesbewusstsein ankommen, stellt sich die Frage, ob wir sie lesen und die darin enthaltene Botschaft erkennen und ob wir im Leben umsetzen, was sich uns von innen her gezeigt hat.

* Franz Bludorf, Grazyna Fosar: *Vernetzte Intelligenz – Die Natur geht online. Gruppenbewusstsein, Genetik, Gravitation*, Omega-Verlag 2001

Umgang mit den fünf Kategorien

Die fünf Bewusstseinsebenen sind naturgegebene Zustände mit fließenden Übergängen und „Überlappungen“, d. h. parallelen Potentialen (Gleichzeitigkeit des Seins). Deshalb ist klar, dass wir diesen fünf Kategorien keine Wertung auferlegen sollten. Luft ist nicht besser als Feuer, Wasser oder Erde. Beta ist nicht schlechter oder besser als Delta. Die Berücksichtigung aller natürlichen Elemente und der unterschiedlichen Schwingungszustände ist lebenswichtig, um als Mensch ganzheitlich und bewusst den Lebensweg zu gehen. Jede der fünf Kategorien hat in der Komplexität des entsprechenden Kontextes ihre Bedeutung. Unsere Aufgabe sehe ich darin, die jeweiligen Qualitäten zu erkennen und zu nutzen, für das eigene Leben und zum Wohl aller.

Die Vertikalität der Bewusstseinsebenen

Unsere Existenz als Menschen umfasst sowohl horizontale als auch vertikale Komponenten (siehe S. 48). Erkenntnis durch ganzheitliche Bewusstseinsforschung bedeutet, dass beide Ausrichtungen wahrgenommen werden. Wenn wir Fragen haben, die für uns bedeutsam sind, ist es deshalb hilfreich, auf allen fünf Ebenen für Antworten empfänglich zu sein. Wir schauen zuerst, was sich im Tagesbewusstsein, auf der „Horizontalen“, zeigt. Gleichzeitig öffnen wir uns für intuitive Hinweise im Alpha-Zustand wie z. B. bei einem Waldspaziergang, wenn wir die konkreten Fragen und Alltagsthemen loslassen. Zudem achten wir auf Zeichen und Hinweise in den Träumen. Ebenso ist es möglich, dass wir uns nach einem gesunden Tiefschlaf erfrischt und „wie neugeboren“ fühlen und dadurch neue Gedanken und Ideen fassen. Beide Bewusstseinsebenen (Theta und Delta) sind aber nicht nur über den Schlaf zugänglich, sondern auch über eine meditativ induzierte Tiefenentspannung. Hier öffnet sich der Gamma-Bereich, der nochmals eine ganz andere Dimension darstellt. Er führt in eine höhere Kohärenz und wirkt dadurch wiederum auf das Informationsfeld des Körpers ein. Die holistische Forschung der Quantenphysik und Neurobiologie erklärt mit diesem Modell den Placebo- und Nocebo-Effekt, der sich darin zeigt, dass Menschen allein durch Gedanken, Gefühle und andere mentale Muster positive bzw. negative Wirkungen im Körper – und in ihrem Leben – auslösen.

Die spirituelle Aufbruchstimmung der heutigen Zeit enthält eine Einladung an jeden Menschen, sich wieder an die Vertikalität der Bewusstseinsebenen zu erinnern. Denn unsere physische Welt ist mit höheren Realitäten verbunden, und der Begriff der Vertikalität weist auf die Verbundenheit dieser fünf Bewusstseinszustände hin.

Anhang 3

Die Sinne – Wahrnehmungsorgane der Innen- und Außenwelt

Meditation ist geistige Einkehr, Verbindung mit der inneren Mitte. „Geistig" in einem ganzheitlichen Sinn bedeutet, dass auch das Körperbewusstsein und die Sinneswelt miteinbezogen sind. Mit den folgenden Ausführungen möchte ich dieses Verständnis von Meditation vertiefen, indem ich den Körper anatomisch und physiologisch, d.h.mit seinen Sinnesorganen und Sinnesfunktionen, beschreibe. Während wir den informativen Beschreibungen folgen, können wir uns meditativ mit dem eigenen Körper verbinden. Dies lädt uns ein, auf den Körper zu „hören", auch auf das geistig Individuelle, fast unmerklich Multidimensionale.

Der Körper ist nicht aus einzelnen Teilen zusammengesetzt wie ein Apparat. Er ist mehr als die Summe seiner Teile und ist in ständiger Veränderung. Er ist lebenslang in einem lebendigen Kontinuum. Die regelmäßige Meditation hilft uns, ein feines, differenziertes Körperbewusstsein zu erlangen. Das „im Körper bewusste Sein" wird erst durch die Sinne möglich. Meist versteht man unter Körperbewusstsein die Betrachtung der Vorgänge im physischen Körper und die Wahrnehmung der Körperhaltung und Bewegung. Das Körperbewusstsein, wie ich es definiere, umfasst diese physiologischen Aspekte ebenfalls, aber meint die Wahrnehmung des eigenen Körpers in seiner Ganzheit, und dazu gehören auch die Gefühle und die Gedanken und ihre gegenseitige Wechselwirkung auf den Körper.

Der Körper ist Teil der Natur, so wie die Sinnesorgane Teil des Körpers sind. Ohne die Sinne können wir die Außenwelt nicht erfahren. Die Sinne sind eine Brücke zwischen der Innen- und

Außenwelt. Sie erinnern uns, dass wir von innen her nach außen wahrnehmen. Wir wenden uns der äußeren Welt von innen her zu, aus dem Kern unseres Selbst. Wir sehen nicht von außen nach innen. Wir sehen von innen nach außen. Das klingt selbstverständlich, ist es aber nicht. Wir sind heute in der Gefahr, uns immer mehr von außen bestimmen und ablenken, wenn nicht sogar überpowern und „programmieren" zu lassen. Die globalisierte Welt liefert zunehmend „Angebote", die die Sinne der Menschen überreizen und abstumpfen. Die Sinnesfähigkeiten drohen im Netz einer durchdigitalisierten Welt zu erlahmen und zu verarmen. Man betrachte nur, in welche Richtung die technische Entwicklung vorangetrieben wird, bis hin zur Verschmelzung von Körper und Technik (Transhumanismus) und zur maschinellen Kopie des Menschen (Robotik, künstliche Intelligenz).*

Die Meditation lässt uns die Sinneswelt und Sinnesaktivität neu entdecken: von innen her, aus unserem eigenen Selbst. Unsere Wahrnehmung ist in dieser bewussten Ausrichtung aktiv (nicht reaktiv) und ist dadurch ein schöpferischer und proaktiver Vorgang (siehe S. 37), der eine im positiven Sinn psychosomatische („biogenetische") Umpolung auslöst. Geschieht dies, können

* Die Instrumentalisierung des organischen Lebens und die Digitalisierung unserer Gesellschaft bekommen eine fast unbegrenzte finanzielle Förderung in Milliardenhöhe. Es werden enorme Bemühungen unternommen, den menschlichen Körper technisch zu optimieren. Man spricht dabei von „Selbstverbesserung". Das Ziel dieser Bestrebungen geht weit über den praktisch sinnvollen Umgang mit der Apparatetechnik hinaus, die zweifelsohne auch viele hilfreiche und nützliche Errungenschaften mit sich bringt. Wenn im Umgang mit der Technik und Robotik jedoch der Bezug zu sich selbst und die echte Zwischenmenschlichkeit auf der Strecke bleiben, ist die Entwürdigung des Menschen voraussehbar. Parallel dazu leben wir heute in einer Zeit, in der immer mehr Menschen rund um die Welt eine erhöhte Empathie und Sensitivität aufweisen bzw. entwickeln.

unter Umständen sogar die Sinnesorgane gestärkt bzw. regeneriert werden.

Das anatomische Wissen um die reichhaltigen Qualitäten der Sinnesorgane vermittelt uns ein vertieftes Gefühl von Respekt und Achtsamkeit dem eigenen Körper gegenüber. Das körperlich-sinnliche (= sensorische) Wahrnehmungs- und Entwicklungslernen ist aus pädagogischer Sicht von größter Bedeutung, vor allem natürlich in der frühen Kindheit, aber auch das ganze Leben lang, in immer neuer Ausprägung und Variation.

Die Wahrnehmung der Außenwelt geschieht auf der physischen Ebene über die „fünf Sinne": Tasten (Berührungssinn), Hören, Riechen, Schmecken, Sehen. Die Summe aller Sinnesimpulse entspricht der *Sensorik* als Ganzes, bestehend aus Empfindung und Wahrnehmung (engl. *sensation* und *perception*).*

Die Sinne sind Wunderwerke mit vielschichtig vernetzten Strukturen und Funktionen. Ich kann hier nur einen Bruchteil davon beschreiben, aber dieses Wenige ist schon erstaunlich. Das kontemplative Vor-Augen-Führen, wie die Sinne beschaffen sind, bringt uns in eine bewusste Verbindung mit dem Körper und dadurch auch in eine achtsamere Beziehung zu uns selbst.

Ich beschreibe das Ohr am ausführlichsten, denn im Gehörsinn treffen die größten Gegensätze auf kleinstem Raum aufeinander. Man könnte fast sagen, organisch ist hier unsere kosmische Natur am prägnantesten ausgeformt. Weil aber der Berührungssinn überlebenswichtig ist und weil er gesellschaftlich seit sehr langer Zeit unterschätzt wird, beschreibe ich ihn an erster Stelle. Danach folgt der Gehörsinn, dem ich am meisten Platz einräume. Danach

* Nähere Angaben dazu in meinem Buch *Psychomotoriktherapie – Informationsschrift für Eltern, Lehr- und Fachpersonen*, szh-Verlag (Schweizerische Zentralstelle für Heilpädagogik), Bern 2010, S. 35–39 (Kapitel 7.3. Wahrnehmung).

folgen der Riechsinn und der Geschmackssinn. Der Riechsinn ist mit seiner Feinheit und ursprünglichen Sensibilität eng mit dem Geschmackssinn verbunden. Der Sehsinn steht in der heutigen Zeit dominant im Vordergrund, alles muss visuell aufbereitet sein und „ins Auge springen". Ich setze ihn hier an den Schluss, obwohl das Sehen mit dem Licht verbunden ist und das Auge mit der Seele.

Wär nicht das Auge sonnenhaft,
die Sonne könnt es nie erblicken.
Läg nicht in uns des Gottes eigne Kraft,
wie könnt uns Göttliches entzücken?
– Goethe

1) Der Berührungssinn

Der Berührungssinn wurde in seiner weitreichenden Bedeutung über eine lange Zeit hinweg unterschätzt. Heute wissen wir um die prägende Funktion der Haut und des Berührungssinns – vorgeburtlich, nachgeburtlich, während des ganzen Lebens.

In der Haut treffen Innen- und Außenwelt aufeinander. Die Haut ist das größte Organ des Körpers. Sie ist unsere „Außenmembran" und gleichzeitig ein Spiegel der physischen und psychischen Innenwelt. Sie ist über ihre Reflexzonen mit den inneren Organen verbunden. Die Psychosomatik bezeichnet die Haut zudem als Projektionsfläche für Konflikte zwischen der Innen- und Außenwelt. Hautprobleme haben nicht selten ihre Ursache in solchen Konflikten oder in Variationen des weiten Themas „sich nicht abgrenzen können".

Die Haut und das Nervensystem sind eng miteinander verbunden. Das erklärt den subtilen Zusammenhang von Hautempfindung und körperlichem und seelischem Wohlbefinden sowie auch unsere Fähigkeit, über die Haut Berührungen, Töne, Stimmungen, Farbschwingungen, Gefühle und Gedanken wahrzunehmen. Die Haut ist empfänglich für jede Art von Schwingung. Sie atmet durch jede Pore.

Die Informationen, die über die Haut mit einer enormen Zahl an sensorischen Reizen an das Gehirn weitergeleitet werden, sind entscheidend für die Gehirnentwicklung, und dies nicht nur in der Embryonalentwicklung, sondern auch in der Säuglingszeit. Über den ersten Kontakt mit unseren Eltern bekommen wir die wesentlichsten Informationen über die Welt, in die wir hineingeboren wurden. Diese sensorischen Informationen prägen sich tief in unser Zellgedächtnis (Körpergedächtnis) und in unsere Psyche ein. Ob wir uns geborgen und willkommen fühlen oder nur geduldet oder sogar abgelehnt, hängt von der Berührungsqualität der „sprechenden" Hände der Eltern in der ersten Lebensphase ab. Hautwahrnehmung spielt das ganze Leben lang eine entscheidende Rolle im Zusammenspiel von Körper, Gehirn, Psyche und Geist.

Die Qualität der frühen Berührung bildet die Grundlage unseres Körperbewusstseins und ist als Grundstimmung ein Leben lang wirksam. Bei einer problematischen Ausprägung kann diese Wirkung jedoch auch verändert werden. So sehe ich zum Beispiel in der Craniosacraltherapie, wie allein durch achtsame Berührungskontakte Selbstheilungskräfte aktiv werden. Die Hände gehen in einen stillen Dialog mit den mikrofeinen Bewegungen der Körperstrukturen, vom Knochensystem (insbesondere *cranium*, Kopf) bis hin zu den Zellen. Der physische Körper und der Energiekörper sind eine lebendige Einheit, und die craniosacrale Berührung lässt ein heilendes Informationsfeld entstehen. Die körperinhärente Intelligenz ist immer auf Gesundheit, Ganzheit und Harmonisierung ausgerichtet.

Der Stellenwert der Körperberührung wird durch die körperliche Veränderung im Laufe des Lebens nochmals deutlich, denn der Tastsinn bleibt bis ins hohe Lebensalter ohne größere Einbußen erhalten, im Gegensatz zu den anderen vier Sinnen.

Der Berührungssinn (Tastsinn) wird gemäß der Fünf-Elemente-Lehre* dem Element Luft zugeordnet.

2) Der Hörsinn

Das Ohr kündet von einer Vorzeit, als der Mensch noch „ganz Ohr" war. Er war sich des Einen, des Urklangs, des OM in allem, bewusst. Das Heraustreten aus der geistigen Ureinheit brachte das Risiko mit sich, unbewusst zu werden und das innere Gleichgewicht zu verlieren. Wenn wir das Zuhören wieder lernen – das Hören der Stille, der Natur, der musischen Klänge, der eigenen Stimme und der Stimme der anderen –, können wir uns auch gegenseitig verstehen.

Das Gehörorgan enthält neben dem eigentlichen Gehörsinn auch das Gleichgewichtsorgan. Wir sind für das Hören sowohl nach

* Viele Metaphysik-Traditionen enthalten eine Fünf-Elemente-Lehre, z. B. die altindische vedische Tradition. Das Sanskritwort für Metaphysik lautet Sankhya, wörtl. „Aufzählen, Unterscheiden, Analysieren".
„Die Sankhya-Wissenschaft (die Analyse des multidimensionalen Kosmos) erklärt, dass die grobstoffliche Materie aus den feinstofflichen Energien hervorgeht. Die grobstoffliche Materie wird entsprechend ihrer zunehmenden Verdichtung in fünf Kategorien unterteilt: Äther, Luft, Feuer, Wasser und Erde. In Entsprechung zu diesen fünf Kategorien existieren auch fünf Kategorien von ‚Sinnesobjekten': Schwingung/Klang, Verbindung/Berührung, Form/Farbe, Geschmack und Geruch. Warum entwickeln die Lebewesen in den grobstofflichen Welten gerade *fünf* Sinnesorgane? Weil es fünf Kategorien von grobstofflichen Elementen gibt!" (aus Armin Risi: *Gott und die Götter – Das Mysterienwissen der vedischen Hochkultur,* Kap. 2, „Vedische Kosmogonie", Unterkapitel „Die Hierarchie der Elemente")

innen als auch nach außen befähigt, und wir sind für das Gleichgewicht zwischen unserer Innenwelt und Außenwelt berufen.

Der physische Träger des Tones ist die Luft. Was wir als Klang hören, ist eine Kombination vielfältiger Frequenzen (Schwingungen). Die Akustik (von griechisch *akoyein*, „hören“) ist die Lehre vom Schall und seiner Ausbreitung.* Die Schallwellen gelangen durch das äußere Ohr in den Gehörgang und treffen dort auf das Trommelfell, von wo sie über eine Verbindung kleinster Knöchelchen in die Flüssigkeit im Innenohr weitergeleitet werden. Innerhalb der drei Gehörareale sind drei Klangleitungsträger beteiligt: Luft, Knochen und Flüssigkeit. Es sind die Elemente Luft, Erde, Wasser.

Das Ohr nimmt schon kleinste Luftdruckveränderungen sehr präzise wahr. Auf niederer Meereshöhe ist der Luftdruck hoch, und je höher wir auf die Hügel und Berge steigen, desto mehr sinkt der Luftdruck. Auf dem Mount Everest (8848 m) ist der Luftdruck etwa halb so hoch wie im schweizerischen Mittelland (400 bis 600 m ü. M.). Das Ohr reagiert höchst sensibel auf den Wechsel von Druck. Es registriert bereits Höhenunterschiede im Millimeterbereich!

Das Hören erfolgt nicht allein durch das Ohr, sondern durch den Körper als Ganzes, durch ein Mitschwingen des Atemsystems, der cerebrospinalen Flüssigkeit, der Haut und insbesondere auch des Knochensystems. Uns ist meist nicht bewusst, dass wir Klangschwingungen nicht allein mit der Hörmuschel empfangen, sondern mit unserem ganzen Körper.

* Schall sind Schwingungen in der Luft. Durch Klangimpulse entstehen in der Luft Druckwellen („Schallwellen“), die sich im Raum ausbreiten. Entsprechend dem Medium (Elastizität, Dichte, Temperatur usw.) bewegen sie sich mit einer bestimmten Geschwindigkeit („Schallgeschwindigkeit“).

Unser Körper ist ein Resonanzkörper, weshalb wir in physischer Resonanz mit unserem Umfeld sind. Wenn wir jemandem beim Sprechen oder Singen zuhören, löst das Gehörte in unserem Körper entsprechende Mikrobewegungen aus. Was wir stimmlich von außen hören, wird von unseren Stimmorganen mitgemacht und nachgeahmt. Beim Zuhören eines Gesprächs oder Gesangs schwingt unser Kehlkopf mit. Es gibt im Grunde kein passives Hören. Der Kehlkopf und die mit ihm verbundenen Organe schwingen aktiv mit.

Unser Körper geht mit Klangschwingungen in Resonanz, indem einerseits die cerebrospinale Flüssigkeit im Rücken und im Kopf mitschwingt, und andererseits, indem wir den Ton über die Knochen des Körpers wahrnehmen. Das Hören über die Knochen ist dabei die Komponente des Hörens von innen und das Hören durch die Ohren die Komponente des Hörens von außen. Wenn wir den Schaft einer Klanggabel am Kopf aufsetzen, nehmen wir wahr, dass der Ton mehr von innen als von außen hörbar ist. Er wird über die Schädelknochen zum Innenohr geleitet, ohne dass das äußere Ohr dominant beteiligt ist.*

Das Ohr gibt uns beim Sprechen und Singen Orientierung sowie die nötige Kontrolle bei der Lautbildung und der Einstellung der Lautstärke, wodurch es uns möglich ist, den richtigen Ton zu finden und die richtigen Stimm- und Lautnuancen zu modulieren. Das Ohr, der Kehlkopf, die Hör-, Sing- und Sprechorgane sollten nicht getrennt voneinander betrachtet werden. Sie sind eine Einheit.

* Craniosacral-Sitzungen beende ich oftmals mit einem Nachklingenlassen der Behandlung, indem ich das Intervall eines Klanggabelpaars durch das Körperfeld der Person führe. Grund dafür ist nicht nur mein tiefer Bezug zu Klängen und zur Musik, sondern auch der innere Zusammenhang und Zusammenklang der organischen und akustischen Systeme.

Was sich im Ohr auf kleinstem Raum befindet, ist so erstaunlich, dass ich es beschreiben möchte. Die Ausführungen sind als Wegbegleitung durch die anatomische Architektur dieses besonderen Bezirks des menschlichen Körpers geschrieben. Während du hier nun weiter liest, sind wir bereits unterwegs zum West- und Ostportal unseres Gehörs, zu den Ohrmuscheln. Durch die schwungvolle Form des Außenohres werden wir dann weitergehen zu den zwei inneren Strukturen Mittelohr und Innenohr. Im Labyrinth des Innenohrs befindet sich das Sanctum unseres Gehörs, die spiralförmige Cochlea.

2a) Das Außenohr

Wir betreten das anatomische Bauwerk des Gehörs über das Portal des Außenohrs. Die Ohrmuschel ist wie ein kunstvoller Trichter gestaltet, der die Schallwellen optimal einfangen kann und ihnen eine Richtung gibt: Die Ohrmuscheln bewirken zudem eine Verstärkung der Schwingungen.

In der Ohrmuschel befinden sich Reflexpunkte der inneren Organe. Die Form des Ohrs kann als Abbild eines Embryos im Mutterleib mit abwärts gerichtetem Kopf gesehen werden. In dieser Entsprechung stimmen die Ohrreflexpunkte schematisch mit der Positionierung der Organe im menschlichen Körper überein. Die Ohrreflexpunkte haben einen Durchmesser von nur 0,1 bis 0,3 mm. Sie werden insbesondere in der Ohrakkupunktur behandelt, aber auch in anderen komplementärtherapeutischen Verfahren. Das Drücken der Punkte mit zwei Fingern entlang des Ohrrandes ist eine einfache und bewährte Möglichkeit der Selbstbehandlung.

Begeben wir uns nun vom „Portal" in die „Vorhalle", in den Gehörgang. Er ist etwa 2,5 cm lang und hat ca. 7 mm Durchmesser. Im Gehörgang befinden sich Drüsen, die Zerumen (Ohrenschmalz) bilden. Das Zerumen hält die Haut im Gehörgang feucht und enthält Stoffe, die verhindern, dass Feinstaub, Insekten, krankheitserregende Bakterien usw. in das Innere des Gehörgangs eindringen.

2b) Das Mittelohr

Der Gehörgang führt uns in den Bereich des Mittelohrs, wo der Transfer der Schallwelle in das Innenohr vorbereitet wird. Sie wird von der Luft bis hinein ins Mittelohr getragen. Im Innenohr dann ist das Leitmedium Flüssigkeit. Das Mittelohr enthält deshalb einen Mechanismus, über den die Schwingungen der Schallwelle von Luft auf „Wasser" übertragen werden.

Die Reise des Klangs via Luft ist komplett anderer Natur als jene via Wasser. Wenn wir außerhalb eines Schwimmbeckens stehen und zu jemandem sprechen, der sich unter Wasser befindet, werden 99,9 % des Schalldrucks zurück reflektiert, und die tauchende Person hört unsere Worte nicht. Daran würde auch eine Steigerung der Lautstärke nichts ändern. Um die Person im Wasser akustisch zu erreichen, benötigen wir entsprechende Hilfsmittel. Im Mittelohr geschieht dieser Transfer der Schallwellen von Luft auf Flüssigkeit durch die Knöchelchen namens Hammer, Amboss und Steigbügel.

Wenn die Schallwellen durch das Außenohr ins Mittelohr gelangen, treffen sie auf eine konische Membran, das Trommelfell, das dadurch in Schwingung versetzt wird. Das erste Gehörknöchelchen, genannt „Hammer", steht mit dem Trommelfell in direkter Verbindung und gerät dadurch ebenfalls in Schwingung. Durch den Hammer wird die schwingende Bewegung auf den „Amboss" und von ihm auf den „Steigbügel" übertragen. Der Steigbügel ist das kleinste Knöchelchen in unserem Körper (ca. 3,3 mm lang, Gewicht 2,5 mg). Der Steigbügel ist das Verbindungsglied zum Innenohr, wobei der

Zugang zum Innenohr ein ovaler knöcherner Durchgang ist, der durch die stempelartige Fläche des Steigbügels dicht verschlossen wird. Durch die Bewegung des Steigbügels wird die Membran des ovalen Fensters zum Schwingen gebracht, was wiederum die angrenzende Flüssigkeit der Gehörschnecke in Schwingung versetzt.

Die bewegliche Einheit der drei Mittelohrknöchelchen bewirkt eine Steigerung der Effizienz der Schalldruckverarbeitung, von einer Null-Dezibel-Stille bis hin zu einer Lautstärke von 120 Dezibel, was z. B. dem Lärm eines startenden Flugzeugs entspricht. Die Schmerzgrenze liegt bei 120 bis 130 Dezibel. Lautstärken ab 85 Dezibel sind für das Gehör bereits belastend. Bei einem Ton oder Knall von 150 Dezibel entsteht ein irreparabler Hörschaden.

Das Mittelohr ist nicht nur mit dem Innenohr verbunden, sondern auch mit dem Nasen-Rachen-Raum. Dieser Verbindungskanal wird Eustachische Röhre genannt und hat die Aufgabe, Luft in den Raum des Mittelohrs zu führen und zugleich den Druckausgleich mit dem Luftdruck der Umgebung herzustellen, um das Trommelfell vor Über- oder Unterdruck zu schützen.

2c) Das Innenohr

Das Innenohr ist ein komplex gestaltetes Organ. Es befindet sich im Felsenbein, dem härtesten Knochen des Körpers. Dieses tief verschlossene Höhlensystem von 8 bis 9 mm Länge schützt das Innenohr und grenzt es vom Mittelohr ab, so dass von innen keine Flüssigkeit nach außen dringt.

Der Innenraum ist durch eine filigrane Knochenarchitektur strukturiert und wird „knöchernes Labyrinth“ genannt. In ihm befindet sich das „häutige Labyrinth“, das die Organe des Innenohrs umgibt. Diese feine Hauthülle ist in sich geschlossen und ist gefüllt mit der Endolymphe. Die Organe des Innenohrs sind also quasi „wasserdicht“

vom häutigen Labyrinth umhüllt. (Die Flüssigkeit zwischen dem häutigen Labyrinth und dem knöchernen Labyrinth wird Perilymphe genannt.) Die Organe des Innenohrs bestehen aus zwei Bereichen, dem Vestibularsystem (Gleichgewichtsorgan) mit seinen drei Bogengängen und der spiralförmigen Cochlea („Gehörschnecke").

Die Cochlea ist unser eigentliches Hörorgan. Sie hat die Form eines winzigen Schneckenhauses und ist in einzelne Kammern unterteilt. Tausende von Sinneszellen mit winzigen Härchen nehmen dort die Schallschwingungen auf und leiten sie via Nervenverbindungen an das Hirn weiter. Dank ihrer Spiralform registriert die Cochlea Schallwellen von rund 20 bis 20 000 Hertz, wobei die hohen Schwingungen am Anfang und die tiefen am Ende des Spiralganges abgetastet werden.

Ähnlich komplex ist das Vestibularsystem mit seinen drei Bogengängen, die entsprechend den drei Raumachsen ausgerichtet sind. Dort werden Bewegungsimpulse registriert und in Nervenimpulse umgewandelt, die über die Hals- und Gelenksensoren zu den Skelettmuskeln weitergeleitet werden, wo sie Reflexe auslösen, die das Gleichgewicht, die Raumorientierung und den aufrechten Gang ermöglichen. Dass wir vom Liegen und Sitzen aufstehen und auf zwei Füßen gehen können, erfordert eine komplexe Organisation, deren „Zentrale" im Innenohr ist!

Die kunstvolle Ausgestaltung des Ohrs, die verschiedenen Areale des Gehörorgans und die wundervoll organisierten Funktionen laden zur Meditation ein: eine Meditation über das Leben in der Polarität der sich gegensätzlich ergänzenden Kräfte, die unsere Orientierung und Balance im Raum ermöglichen. In unseren zwei Ohren finden wir die Harmonie der Gegensätze von hart und weich sowie fest und flüssig, die in unserem Kopf nah nebeneinander und parallel miteinander angelegt sind.

Die Ohren sehe ich in ihrer gesamten Struktur wie eine mikrokosmische Hieroglyphe in der Bibliothek des Universums. Damit die Informationen aus der Welt jenseits des Stofflichen über Klangschwingung für uns akustisch hörbar werden können, bedarf es einer felsendicht geformten Substanz, eines soliden Resonanzraumes, und des Zusammenspiels der Elemente.

Der Gehörsinn wird in der jahrtausendealten indischen Tradition dem Äther zugeordnet. Der Äther (sanskr. Akascha, bekannt aus dem Begriff „Akascha-Chronik") ist die Essenz aller Elemente, das fünfte Element oder die *quinta essentia*, „Quintessenz". Der „Äther" bezeichnet den Raum, in dem sich die Luft und der Klang bewegen und entspricht in der modernen holistischen Quantenphysik dem „Informationsfeld" oder „morphogenetischen Feld". Dieses Element ist das feinste der fünf stofflichen Elemente (Erde, Wasser, Feuer, Luft und Äther). Äther und Klang sind die erste Ebene der stofflichen Manifestation, gefolgt von Luft und Berührung, Feuer/Licht und Sehen, Wasser und Geschmack, Erde und Geruch.

3) Der Riechsinn

Wo ist die Mitte des Gesichts? Was finden wir dort? Die Nase! Bewusst oder unbewusst gehen wir stets „der Nase nach". Wir lassen uns von der ersten Lebensstunde an von der Nase führen. Schon beim neugeborenen Menschen ist der Geruchssinn voll ausgereift und aktiv. Der Geruchssinn hilft dem Neugeborenen gleich nach der Geburt, die Brust der Mutter zu finden. Für diesen natürlichen Vorgang haben wir in Fachkreisen einen eigenen Begriff: *Breast Crawl*. „Angelockt von den Duftstoffen der Mutter[milch] robben sie sich langsam und allmählich vorwärts. Auf diese Weise bestimmt das Baby selbst, wann es mit dem

Stillen losgeht."* Dies ist ein sanfter und zugleich starker Start ins Leben. Neugeborene leisten Erstaunliches, wenn ihnen Zeit und Raum gelassen wird.

Das Geruchsgedächtnis wird in den ersten drei Lebensjahren wesentlich geprägt. In dieser Zeit sammelt das Kind einen Großteil der olfaktorischen Sinneseindrücke, die alle eine Spur im Körper (Gehirn) hinterlassen.

Der Duft gelangt als einziger Sinnesreiz direkt ins Gehirn. Er informiert das limbische System, d. h. jenen Bereich des Gehirns, der mit der Steuerung der Hormone, Emotionen und Gefühle verbunden ist – und damit auch mit kognitiven Vorgängen, wie z. B. dem Lernen. Bevor die Sinnesmeldung im Cortex ankommt und bewusste Gedanken auslöst, hat das limbische System längst schon ein Gefühl erzeugt. Beim Betreten eines Waldes, eines Hauses, eines Spitals usw. ist es oftmals der Geruchsinn, der einen ersten Eindruck schafft. Düfte und Gerüche haben eine tiefe Wirkung auf die Gemütsstimmung des Menschen. Sie hinterlassen nachhaltig präzise Gefühlseindrücke. Unsere Erinnerung ist eng mit Düften und Gerüchen verknüpft. Ein Geruch kann uns urplötzlich in eine frühere, auch lang zurückliegende und längst vergessene Situation zurückversetzen, in der wir ihn zum ersten Mal wahrgenommen haben. Düfte können Erinnerungen wachrufen. Sie sind Botenstoffe über Raum und Zeit hinweg.

Höchstleistungen des Riechens zeigen sich in der Tierwelt, wie z. B. bei Suchhunden in den Bergen (Bernhardiner). Sie sind trainiert, verschüttete Menschen im Schnee zu suchen. Dank ihrem Riechsinn können sie Lawinenopfer unter meterdicken Schneeschichten finden!

* www.9monate.de/baby-kind/leben-mit-neugeborenem/breast-crawl-baby-id162568.html („Breast Crawl: Wenn das Baby selbst die Brust sucht")

Mit jedem Atemzug nehmen wir graduell unterschiedlich feine und meist unbewusste Informationen aus unserer Umwelt auf. Die frühen Menschen ließen sich vom Pflanzenduft ihrer Umgebung leiten und entschieden auf dieser Grundlage, was sie aus der Vielfalt der Vegetation als Nahrung zu sich nahmen. Sie spürten, was zum Wohl des Körpers ist und was nicht. Diese Fähigkeit will beachtet, gepflegt und erlebt sein. Ich entwarf für Kinder Duftspiele mit Kräutern und Gewürzen. Zum Beispiel riecht ein Kind mit verbundenen Augen Rosmarin, und dann lautet die Aufgabe, aus einer Serie von Düften den Rosmarin wieder zu erkennen. Die Kinder lieben diese Spiele. Sie genießen die Wirkung der guten Düfte und haben Spaß am Spiel mit dem Riechsinn.

Unsere Nase kann etwa 10 000 Düfte unterscheiden. Der Mensch besitzt rund drei Millionen Riechsinneszellen. Alle drei Monate werden sie komplett erneuert.

Der Riechsinn wird dem Element Erde zugeordnet.

Unser Geruchs- und Geschmackssinn arbeiten eng zusammen. Wenn wir eine gute Frucht oder ein fein zubereitetes Essen riechen, läuft uns das Wasser im Mund zusammen. Und so betrachten wir als nächstes den Geschmackssinn.

4) Der Geschmackssinn

Die Geschmackswahrnehmung ist von Natur aus sehr fein ausgebildet. Heutzutage wird dieses hochsensible Sensorium des Körpers jedoch mit künstlichen Aromen und anderen industriellen Stoffen in die Irre geführt und abgestumpft. Die Feineinstellungen des Körpers werden dadurch verändert und „umprogrammiert“. Die Darmflora wird beeinträchtigt. Die möglichen Langzeitfolgen sind absehbar, wie u. a. die Zunahme von Zivilisationskrankheiten und die Schwächung des Immunsystems.

Geschmackswahrnehmung wird ermöglicht durch verschiedenartige Rezeptoren: Geschmacks-, Tast-, Schmerz-, Thermo- und Geruchsrezeptoren. Es mag uns überraschen, aber es entscheidet sich weniger im Mund, ob uns etwas schmeckt, als in der Nase. Geschmack ist tatsächlich zu 80 % Geruch. Wenn die Nase durch eine Erkältung verschlossen ist, hat das Essen wenig Geschmack. Wie sehr der Geruchs- und Geschmackssinn zusammenhängen, zeigt sich auch in der Sprache, wenn im Schweizerdeutsch für Schmecken und Riechen dasselbe Wort verwendet wird: „schmökke". Ähnliches finden wir auch in anderen alemannischen Dialekten.

Gemäß der Physiologie unterscheidet die Zunge grundlegend vier Geschmacksrichtungen: süß, salzig, sauer und bitter. Wir sind jedoch zu einer viel umfassenderen Geschmacksunterscheidung fähig: spitz, brandig, ölig, blumig, samtig, parfümiert, metallisch, alkalisch usw. Diese und andere Ausdrücke verwendet zum Beispiel der Gourmet. Kombiniert mit dem Tast-, Temperatur- und Geruchssinn ergibt sich eine große Vielfalt an möglichen Geschmackswahrnehmungen.

Tiere, die ausschließlich Pflanzen essen, haben den differenziertesten Geschmackssinn, und manche unter ihnen sind im wahrsten Sinn des Wortes ausgeprägte Feinschmecker. Pferde beispielsweise sind mit 35 000 Geschmacksknospen ausgerüstet, wodurch sie imstande sind, Hunderte von Grasarten zu unterscheiden. Kühe haben 25 000 und Ziegen 15 000 Geschmacksknospen.

Ein Säugling hat rund 12 000 Geschmacksknospen, ein Erwachsener durchschnittlich noch 5000 bis 6000. Gemeinsam mit der Nase ist die Zunge eine Art Botschafterin, die über die Nerven den Organen des Körpers im Voraus ankündigt, mit was sie es in Kürze zu tun bekommen – und der feingestimmte Körper stellt sich unmittelbar darauf ein. Das ist mit ein Grund, warum in der indischen Tradition viele Menschen das Essen mit der Hand zum Mund führen. Wenn die Nahrung berührt wird, ist dieser Kontakt über die Hände bereits verdauungsanregend. Zudem isst man nicht zu heiß und nicht zu schnell. Das Essen „von Hand" kennen wir alle, wenn wir Birnen, Äpfel, Aprikosen, Kirschen usw. zu uns nehmen. Wir fühlen die Frucht, spüren ihre Form und riechen ihren Duft. Diese Art von Rohkost ist ursprünglich und archaisch und ist wahrscheinlich die einzige Form des Essens, die heute noch gleich ist wie bei unseren frühen Vorfahren.

Das Berühren der Nahrung erleben wir natürlich auch beim Zubereiten von Mahlzeiten. Das Kochen wird zu einer sinnlichen Meditation, und das, was wir auf diese Weise essen, ist Medizin, gemäß der berühmten Aussage von Hippokrates: „Eure Nahrungsmittel sollen eure Heilmittel sein und eure Heilmittel sollen eure Nahrungsmittel sein." Das gemeinsame Zubereiten von Mahlzeiten in der Familie, zu zweit oder mit Freunden wird zu einem kreativen, zwischenmenschlichen Happening.

Der Geschmacksinn wird dem Element Wasser zugeordnet.

5) Der Sehsinn

So wie das Ohr Frequenzen (= Tonhöhen) und deren Intensität (= Lautstärke) unterscheidet, kann auch das Auge Frequenzen (= Farben) und deren Intensität (= Helligkeit) unterscheiden.

Die Sehschärfe wird durch die Dichte der Sehzellen in der Retina (Netzhaut) bestimmt. Der Mensch verfügt über etwa 250 Millionen Sehzellen, 125 Millionen pro Auge: etwa 6 - 7 Millionen für das Farbsehen und etwa 120 Millionen für das Schwarz-Weiß-Sehen. In ihrer Mitte, an der Stelle mit dem höchsten Auflösungsvermögen, umfasst die menschliche Retina mehr als 150 Tausend Sehzellen pro Quadratmillimeter. Physikalisch gesehen, gibt es im Grunde keine Farben, sondern nur bestimmte Wellenkombinationen, die wir je nach Wellenlänge und Frequenzen subjektiv als spezifische Farben empfinden.

Wir sehen in Wirklichkeit nicht nur mit den Augen, sondern in einer nächsten Instanz auch mit dem Sehzentrum im Hinterkopf. Von hier werden die Augen und die komplexen Sehfunktionen gesteuert.

Das entspannte Sehen und das periphere Sehen sind für die Gesundheit der Augen sehr förderlich. Wenn wir dauernd zu viel Kraftaufwand betreiben, um den Blick scharf zu stellen und mit den Augen die äußeren Dinge in den Fokus zu nehmen (z. B. Computer- und Handy-Bildschirme), besteht die Gefahr, dass die Sehkraft schneller abnimmt. Permanente Anspannung kann mit der Zeit einen Mangel an Klarheit im Sehen verursachen, mit möglichen Auswirkungen auf den Gleichgewichtssinn und die Körperkoordination.

Das Sehen hat sowohl mit dem inneren als auch dem äußeren Gleichgewicht zu tun. Wenn wir zum Beispiel für 60 Sekunden auf einem Bein stehen, zuerst auf dem einen und dann auf dem anderen Bein (= statisches Gleichgewicht), merken wir, wie sehr das Sehen mitbeteiligt ist. Bei geschlossenen Augen ist es schwieriger, das Gleichgewicht zu halten. Sehen gibt Halt. Entspanntes, freies Sehen unterstützt die aufrechte Körperhaltung. Gesunde Augen und eine gute Sehfähigkeit haben einen nicht geringen Einfluss auf die Körperhaltung, die Bewegung, die Koordination und das Gleichgewicht.

Über die Augen und auch über die Haut nehmen wir Licht in uns auf. Das Licht steuert lebenswichtige Vorgänge in unserem Körper, insbesondere im endokrinen System der Hypophyse und der Epiphyse (Zirbeldrüse). Ebenso bedeutsam ist für die Natur und den Menschen die Dunkelheit. Auch sie ist eine lebenswichtige Erholungsquelle, ähnlich wie die Stille für das Ohr.

Physiologisch sehen wir dank des äußeren Lichts. Wir sehen dank der Sonne. Ohne Licht keine Sicht. Die Augen sind in „Resonanz“ mit der Sonne, haben also eine Sonnenqualität.

Der Sehsinn wird dem Element Feuer zugeordnet.

Wir bringen das Sehen im übertragenen Sinn mit Weisheit, Wissen und Wahrhaftigkeit in Verbindung. Wir verwenden Wörter wie Einsicht, Klarsicht, Aussicht, Ansicht, Sichtweise, Perspektivenwechsel, Blickwinkel, Anschauungssache, in Augenschein nehmen. Alle diese Wörter sprechen davon, wie das Sehen mit einer inneren Haltung, mit einem Standpunkt, mit einer geistigen Orientierung und Weltanschauung zusammenhängt. Es wundert nicht, dass der Sehsinn in unserer Gesellschaft direkt und am schärfsten „okkupiert“ wird, mit einer Flut von massenmedial verbreiteten und persönlich geknipsten Digitalbildern.

Bilder, die wir betrachten, haben eine nachhaltige Kraft und Wirkung. Bilder können uns seelisch beflügeln, erheben oder zerschmettern. Bilder können uns beeinflussen, täuschen, trügen. Wir wählen, bei welchen Bildern wir auf welche Art verweilen, falls überhaupt. Nicht jedem Bild schenken wir unsere Zeit und das Licht unserer Augen (= Energie/Lichtkraft der Seele).

Mit den Augen nehmen wir einen unmittelbaren Eindruck wahr, der nicht linear ist wie die verbale Sprache. Wir können uns an ein wunderschönes Naturerlebnis erinnern und sehen sogleich die inneren Bilder, die eine Qualität haben, die wir mit Worten nur schwer wiedergeben können – und wenn, dann ist die Sprache nicht mehr linear-deskriptiv, sondern bildhaft-poetisch.

Die Augen übermitteln das seelische Licht des eigentlichen Wesens. In der Begegnung mit Menschen erleben wir, wie durch die Augen das Leben leuchtet. Der Blick der Augen kann auch überschattet werden – durch Trauer, Angst, Sorgen, negative Gedanken und vieles mehr. Die Augen sind der Spiegel der Seele.

Verlässt die Seele den Körper, erlischt als erstes das Leuchten der Augen.

Was nimmt mein Auge im Auge eines anderen wahr? Was in mir lässt sich berühren vom Blick eines Menschen?… Werde still und schaue dir im Spiegel in die Augen. Die Augen bringen die Tiefe des zeitlosen Wesens zum Ausdruck, das du bist. Der innere Wesenskern der Seele äußert sich direkt über die Augen.

6) Das Immunsystem

Die wissenschaftliche Forschung bezeichnet heute das Immunsystem als ein eigenständiges Sinnesorgan. Es ist ein interaktives Sinnessystem, das sowohl kommuniziert als auch wahrnimmt, und zwar innerhalb des Körpers im Austausch mit dem Hormonsystem, dem Nervensystem und dem Stoffwechsel sowie auch außerhalb des Körpers im Austausch mit der Umwelt mit all ihren natürlichen und künstlichen Faktoren.

Das Immunsystem besteht in erster Instanz aus mobilen Immunzellen, die im gesamten Körper unterwegs sind und überall aktiv werden können. Sie schwimmen z. B. im Blut, wandern von dort ins Gewebe, von Organ zu Organ und wieder zurück ins Blut. Manche bleiben auch für längere Zeit an einer Stelle im Körper. Unser Immunsystem ist nicht auf die Immunzellen begrenzt, sondern ist vielfältig und variabel vernetzt. Es hat Rezeptoren, die zweck- und zielgerichtet Signale an die Zellen weitergeben. Solche Rezeptoren befinden sich auf *allen* Zellen des Körpers, auch auf den Immunzellen und Nervenzellen. Jede Zelle ist somit in der Lage, eine Immunreaktion auszulösen.

Wichtig für die folgenden Ausführungen ist, dass das Immunsystem auch in Beziehung zur Außenwelt steht. Auch mit der

Außenwelt findet eine gegenseitige Wahrnehmung und Kommunikation statt. Am lebensfreundlichsten zeigt sich dies in unserem Austausch mit der Natur: im Wald, im Garten, in einem Park, am Meer, in den Bergen. Ähnlich wie im Mikrokosmos unseres Immunsystems finden wir auch im weiten Lebensraum der Natur, ganz besonders im Wald, eine immense Lebensvielfalt, die permanent untereinander in Kommunikation ist.

Heute wissen wir, dass Pflanzen über Düfte komplexe Informationen versenden und untereinander austauschen. Düfte sind wie eine Sprache, und jede Duftnote ist ein „Wort". Die Biochemie hat mittlerweile rund 2000 solcher „Wörter" aus 900 Pflanzenfamilien differenziert. Die meisten gehören zur Duftstoffgruppe der *Terpene*, einer großen Gruppe sekundärer Pflanzenstoffe.

Wenn wir im Wald die Vielfalt an Terpenen einatmen, stärken diese das Immunsystem, das heute praktisch bei allen Menschen durch Umweltgifte und Stress geschwächt ist. Durch die Terpene verringern sich die Stresshormone, und der Parasympathikus wird angeregt. Das entspannt den Organismus und unterstützt den Aufbau körperlicher und geistiger Ressourcen, was wiederum die innere Stabilität und die Abwehrkräfte fördert. In Japan werden mittlerweile im Wald sogar Kliniken und Therapiezentren eingerichtet. Nach der ärztlichen Voruntersuchung begibt man sich in den Wald und taucht in die Sphäre des Waldes ein, was auf Japanisch *Shinrin-yoku*, „Einatmen der Waldatmosphäre", genannt wird. Im Englischen entstand daraus die Formulierung *forest bathing*, „Waldbaden".

Heute ist Shinrin-yoku in Japan eine anerkannte Methode der Prävention und komplementären Behandlung bei Krankheiten. Sie wird vom staatlichen Gesundheitswesen unterstützt. Der Erfolg ist so erfreulich, dass an japanischen Universitäten im Jahr 2012 ein medizinischer Forschungszweig namens „Waldmedizin" gegründet wurde. Inzwischen beteiligen sich Wissenschaftler aus zahlreichen Ländern an dieser Forschung.

Der naturbasierte Ansatz in Therapie und Prävention ist jedoch nicht neu. Weltweit finden wir staatliche Kliniken und vor allem Privatkliniken, Reha-Zentren und Kurorte mit ihren Quellen und Thermalbädern, die primär mit der sanften Kraft der Natur arbeiten.

Dass die Natur eine heilsame Wirkung hat, ist unbestritten, die Frage ist nur, wie sehr wir noch mit der Natur verbunden sind. Die vielen positiven Wirkungen, die wir heute wissenschaftlich erforschen und analysieren, waren den Menschen der früheren Zeiten aus Erfahrung und Intuition bewusst.

Aus dem antiken Griechenland kennen wir den berühmten Arzt und Philosophen Hippokrates (460–370 v. Chr.), der als einer der Väter der ganzheitlichen Heilkunde bezeichnet werden kann. Der auf ihn zurückgehende „Hippokratische Eid" gilt auch heute noch in vielen Punkten als ethische Richtlinie in der Medizin. Wenn sich bei einem Menschen eine Krankheit zeigte, betrachtete Hippokrates nicht nur die Krankheit, sondern sah den Menschen im Licht einer größeren Einheit. Er zog das Umfeld und die Lebensweise mit in Betracht und sah den Weg zur Heilung darin, dass der Mensch innerlich und äußerlich wieder in ein Gleichgewicht kommt. Patienten und Heilungssuchende wurden ermutigt, aus dem normalen Alltag herauszutreten und sich bewusst auf die Natur einzulassen, sei es im Rahmen von Naturaufenthalten oder einer begleiteten Zeit mit Diät, Fasten, ärztlichen Behandlungen und Meditation im Grünen. Zu diesem Zweck richteten Hippokrates und seine Nachfolger Heilstätten ein, die als Asklepios-Heiligtümer gesehen wurden, genannt „Asklepion" (Plural: Asklepieia). Ein Aspekt des Aufenthalts an diesen Heilstätten war auch, über die Botschaft von Träumen Kraft und Wegweisung zu empfangen. Gegen Abend legten sich die Menschen in dem für den heilenden Schlaf bestimmten Raum auf Liegen (griech. *klíne;* von dort kommt der Begriff „Klinik“). Die Therapeuten führten sie in die Ruhe und Entspannung, vom Tagesbewusstsein ins Traumbewusstsein bis in den Tiefschlaf.

Die Therapieorte und medizinischen Ausbildungsstätten waren von wundervollen Gärten umgeben. Die Ärzte, Therapeuten und Patienten erlebten das Privileg, im Grün der Natur eingebettet zu sein, mit Sicht auf die Berge, Hügel und das Meer.

Ähnliches finden wir in alten Kulturen rund um die Welt, und das entsprechende Heilwissen blieb über die Volksmedizin im Bewusstsein der Menschen. Die Volksmedizin hat eine lebendige Tradition, die komplementär zur Schulmedizin einen wichtigen Beitrag zur Gesundheitsversorgung der Bevölkerung leistet.

Das Konzept der Salutogenese beruht auf der Kohärenz von Körper, Geist und Seele (siehe S. 22). Die Wirkung der Pflanzen und Wälder beschränkt sich nicht nur auf Duftstoffe und gute Luft. Die Natur hat auch einen immateriellen Aspekt. Nur schon an die Natur zu denken ist wohltuend und heilsam. Wir gehen innerlich in Resonanz mit ihr und spüren die Verbundenheit.

Verbindung mit der inneren Quelle bedeutet auch Verbindung mit der Natur. Deshalb möchte ich das Buch mit einer Naturmeditation ausklingen lassen.

Ausklang

Naturmeditation: Der Mensch in der Ganzheit seiner Sinne

Das Wissen um die lebendig-vernetzten Zusammenhänge der Natur hat sich durch wissenschaftliche Forschung und praktische Beobachtung in den letzten Jahren vervielfacht. Die erstaunlichen Erkenntnisse über die Symbiose und Balance der ökologischen Systeme wurde durch zahlreiche Bücher einem breiten Publikum bewusst gemacht.* Dieses erwachende Naturbewusstsein verbindet den heutigen Menschen wieder mit dem Urbild der beseelten Erde. Das bestätigt die Empfindung und Beobachtung all jener, die sich immer schon mit der Natur, mit der Fauna und Flora, verbunden fühlten.

Mit diesem Ausklang möchte ich einige Gedanken und Erlebnisse anführen, die uns für die Natur und das Naturerleben sensibilisieren können. Denn auch das Eintauchen in die Natur ist Meditation, eine Verbindung mit der eigenen Mitte und ein Ankommen bei sich.

Silvia (von lat. *silva*, Wald) wurde mir als Vorname mit ins Leben gegeben. Der Name erwies sich von der Bedeutung her als passend,

* Als einige Beispiele von vielen:
Clemens G. Arvay: *Der Biophilia-Effekt: Heilung aus dem Wald*, Ullstein 2016
Stefano Mancuso und Alessandra Viola: *Die Intelligenz der Pflanzen*, Verlag Antje Kunstmann, 2015
Peter Wohlleben: *Das geheime Leben der Bäume: Was sie fühlen, wie sie kommunizieren – Die Entdeckung einer verborgenen Welt*, Ludwig Buchverlag, 2015
—: *Das geheime Netzwerk der Natur: Wie Bäume Wolken machen und Regenwürmer Wildschweine steuern*, Ludwig Buchverlag, 2017

denn ich war als Kind und Jugendliche dem Wald sehr nah und bin es bis heute geblieben. Ich verbringe sehr gern Zeit im Wald, abseits der Wege auf Lichtungen, im hellen Grün, am Bach, bei einer Quelle, an einem Weiher, bei den Bäumen, Sträuchern und Waldtieren. Als Kinder bauten wir uns im Wald aus Ästen Hütten und durften dort sogar übernachten.

Einmal, als ich zusammen mit einem Freund in den Bergen wanderte, entschlossen wir uns, draußen im Bergwald, nahe an der Baumgrenze, zu übernachten. Jeder suchte sich still seinen Platz. Ich fand eine traumhaft schöne Stelle, die sich perfekt zum Schlafen anbot. In der Nacht hörte ich wiederholt einen Tierlaut, den ich nicht kannte. Ich hörte ihn in der Nähe und dann wieder weiter weg. Im Schlummer dachte ich, es sei eine Eule. Am Morgen in der Früh räumte ich meine Sachen zusammen und stellte mich mit geschlossenen Augen hin, um mich vom Ort, an dem ich die Nacht verbracht hatte, zu verabschieden. Da sah ich vor dem inneren Auge so klar und real, wie ich mit offenen Augen sehe, einen Rehbock. Er stand mit seinem kleinen Geweih direkt vor mir und schaute mir in die Augen. Mit dem Erscheinen dieses Bildes war mir sofort klar, dass ich diese Nacht an seinem Schlafplatz verbracht hatte. Ich war von seinem Blick berührt und bedankte mich, dass er mich in seiner Welt „toleriert" hatte. Diese Begegnung hinterließ in mir ein unvergessliches Gefühl respektvoller Verbundenheit.

Die Schöpfung schenkt uns ständig neue Kostbarkeiten und stille Wunder. Im Erleben der Natur und ihrer Elemente werden all unsere Sinne gleichzeitig und gleichwertig angesprochen. In der Natur finden wir Zeit und Raum, um in Muße und Beschaulichkeit das Leben mit allen Sinnen zu genießen. Wir riechen die Düfte und feinen ätherischen Öle der Laub- und Nadelbäume, der Büsche und der gesamten Vielfalt der Pflanzen. Die Augen gehen sehend mit, wenn das Sonnenlicht durch das Grün der Blätter scheint. Die Ohren hören das Rascheln eines kleinen Tieres, das Knacken der Pflanzen, das Wehen des Windes, und wir lauschen der Bewegung der Baumkronen. Wir trinken aus einer Quelle oder aus einem Brunnen, wir essen von den Beeren, Nüssen und Pflanzen, die uns Nahrung sind. Wir gehen auf einem Waldweg barfuß, über Baumwurzeln und Unebenheiten hinweg, und wechseln in eine andere Weise des Gehens. Wir bewegen uns langsamer und achtsamer.

Bei einem Bergbach und bei einem Wasserfall fühlen wir uns besonders belebt. Nebst dem beschwingten Gefühl, das uns dieses bewegte Wasser schenkt, gibt es auch einen wissenschaftlich untersuchten Grund für die erfrischende Kraft solcher Orte. Sie besteht darin, dass die Bewegung des Wassers über die Steine und Felsen hinweg eine hohe Konzentration an negativen Ionen in der Luft erzeugt. Die negativen Ionen haben eine äußerst heilsame Wirkung, wie aus Erfahrungsberichten hervorgeht. Die Wirkung in der Asthmabehandlung ist am besten dokumentiert. Die Anfallshäufigkeit und die Schwere der Anfälle nehmen deutlich ab.

Eine weitere Kraftquelle ist das offene Feuer. Ein Feuer im Freien verbindet die Menschen seit vielen Generationen und hat etwas Inspirierendes. Es regt zu Gesprächen an, zum Erzählen von Geschichten, zum Tanzen und Musizieren, zum Essen und Trinken, und es kann auch ein Zentrum bilden für ein stilles Zusammensein: ein Besinnen beim Schauen ins Licht, in die Farbe und in die Bewegung der Flammen, in die Glut. Wir spüren die Wärme des Feuers und lauschen dem Knistern des brennenden Holzes. Ab und zu werden neue Äste und Holzstücke ins Feuer gelegt. Einige schlafen, andere wachen, bis der Tag anbricht.

Die Natur erinnert uns an das Wesentliche im Leben. Das bewegte Zusammenspiel ihrer Elemente ist Ausdruck der immerwährenden „Geburt", der Erneuerung, des Wachstums, der Wandlung und Regeneration. Die Natur ist Quelle von reinster Kraft und Inspiration, und das nur schon, wenn wir an sie denken!

Auch wenn wir in einer Großstadt wohnen, bleiben wir Teil der Natur. Es besteht immer die Möglichkeit, die Ballungszentren zu verlassen und in die Natur zu gehen. Aber auch dort, wo heute die Städte stehen, befand sich vor Jahrtausenden ein üppiger Urwald, wo Menschen lebten. Und im „Informationsfeld" ist die Lichtkraft dieser reinen Natur zeitlos vorhanden. Wenn unsere Sinne offen und entsprechend ausgerichtet sind, können wir das, was hinter der sichtbaren Erscheinung der Straßen, Dörfer und Städte liegt, wahrnehmen und uns wieder mit dem lebendigen Urgrund und den Lebensströmen verbinden. Durch eine meditative Naturbegegnung können wir auch uns selbst auf eine neue Weise begegnen.

Wenn wir in einen Wald treten, in das „andere" Leben einer atmenden Vielfalt, beginnt mit dem ersten, tiefen Atemzug die Naturmeditation. Eintreten ist Ankommen in eine nichtalltägliche Realität. Der Wald lädt ein in das Hier und Jetzt und zeigt neue Wege der eigenen Sinnes- und Gedankenwelt. Das Gefühl der Leichtigkeit ist von der Kraft der Einheit getragen.

Das Spüren der Waldatmosphäre auf der Haut, der Geruch der erdigen Waldfrische, der Blick in das Grün der Blätter, die Lichtstrahlen der Sonne durch die Äste der Bäume, dies alles lässt die Gehmeditation immer wieder zu einer Stehmeditation werden.

Wie der Keimling seine Wurzel in den Erdboden wachsen lässt, verbinden wir uns mit der Wurzelkraft der Bäume. Wir spüren mit den Füßen die Weichheit und Tiefe des Waldbodens.

Das Leuchten im Leben der Erde nährt und stärkt unseren Körper, den Rücken und die aufrechte, innere Senkrechtigkeit.

Die Gedanken werden still und folgen dem Atem.

Der Atemstrom fließt durch den Körper in jede Pore und Körperzelle.

Er fließt in die Mitte des Herzens.

Mit dem Herzen verbinden wir uns mit dem Herzen der Erde.

Wir halten inne.

Der Atem strömt von der Erde zurück zu unseren Füßen und von den Füßen durch den Körper, bis hin zum Kopf, zur Krone, und über die Körpergrenze hinaus, himmelwärts.

Ich ruhe in der stillen Ausrichtung wie ein Baum in der Natur.

Ich halte inne, bis die Energie der Erde antwortet.

Ich verweile in dieser atmenden Verbundenheit und spüre dankbar, dass ich in dieser strömenden Lichtkraft und vertikalen Wechselwirkung bin.

Die fünf Sinne öffnen sich organisch und natürlich in die Feinheit ihrer Erhöhung und gehen in Einklang mit den feingeistigen Sinnen. Ich lausche der Botschaft der Natur und erkenne die Seelensprache darin.

Ich bin Teil einer größeren Ganzheit, die aus einer tiefen Quelle und einem hohen Licht entspringt.

Die Natur lädt ein in die Welt der Sinne. Ob im Wald, im Garten, im Stadtpark, auf dem Balkon oder in einem Spitalzimmer mit Blick durchs Fenster hinaus ins Grün – ein stiller Moment in Verbindung mit der Natur ist Naturmeditation. Sie führt uns in das fühlbare Einssein mit uns selbst und der Schöpfung. Wir Menschen sind Teil der Natur. Begegnen wir ihr, begegnet sie uns.

Für eine glückliche Entfaltung unserer Persönlichkeit sind Naturerfahrungen von enormer Bedeutung: Waldspaziergänge, Waldseminare, Wald- und Natur-Retreats, Wanderungen usw. Über solche Erfahrungen nehmen wir stets neue Facetten von uns selbst wahr. Das beflügelt uns und unser Leben, stärkt die innere Stabilität und bringt neue Perspektiven in unsere Gedanken und Emotionen. Deshalb erfreuen sich auch Waldkindergärten großer Beliebtheit. Wenn Kinder mit anderen Kindern in der Natur sind, schöpfen sie aus dem Quell der Schönheit und Freude und spüren Selbstbewusstsein und soziale Geborgenheit. Sie entdecken das eigentliche Leben mit ihrem angeborenen wachen Forschergeist und ihrer Kreativität. Dies gilt für die Kinder – und auch für das „Kind“ in jedem Menschen.

Ein Lied für dich

Auf Flügeln der Himmel getragen,
Vom Winde der Engel berührt,
Ihr Singen, das möchte dir sagen:
Schreite im Licht,
Folge der Freude,
Sei in der Kraft,
Geh mit dem Herzen,
Dem Klang,
der das Leben erschafft.

Die Autorin

Silvia Siegenthaler (geb. 1962) ist eidg. diplomierte Kindergärtnerin, Psychomotorik-Therapeutin und Komplementärtherapeutin in der Methode Craniosacraltherapie; diverse Weiterbildungen in der Schweiz, in Indien, England und in den USA; arbeitet seit 1996 an einer von ihr aufgebauten städtischen Therapiestelle; parallel dazu private Praxis für Craniosacraltherapie, Klangtherapie, Traum-Introvision und systemische Lebensberatung; ist sensitive Künstlerin (mit laufenden Ausstellungen) und Lehrerin für Bewusstseinsentwicklung auf der Grundlage ihrer offenen Schulung *Vertical Centering® – Wege zur heilenden Ganzheit;* gibt Vorträge, leitet Seminare und monatliche Meditationsabende.
Website: www.introvision.ch

Veröffentlichungen

Fachbuch: *Psychomotoriktherapie – Informationsschrift für Eltern, Lehr- und Fachpersonen;* Verlag Schweizerische Zentralstelle für Heilpädagogik (szh), Bern 2010

DVD (mit Armin Risi): *Klang-Reise – Mantras aus verschiedenen Kulturen und Mysterienschulen. Live-Aufnahme im Rahmen der Musikfesttage Zürich-Wallisellen, September 2009,* Govinda-Verlag, 2. Auflage 2019

Artikel (2017): „Meditation – in Ruhe die Bewegung der Gedanken spüren", in: *Bulletin Psychomotorik Schweiz,* Frühjahr 2017

Kunst: Poesiekarten (seit 2004) mit eigenen Gedichten, Gemälden, Fotografien und Skulpturen

Kontakt:

Silvia Siegenthaler
www.introvision.ch
silvia.pmt.cst@bluewin.ch

Auf den folgenden Seiten:

Seminare, Kunst und Veröffentlichungen von Silvia Siegenthaler

Vertical Centering® – Wege zur heilenden Ganzheit

Vertical Centering ist ein offener, individueller Bildungs- und Erfahrungsweg auf ganzheitlicher Grundlage. „Vertikal" bezieht sich auf die Verbindung der irdischen und geistigen Natur des Menschen, die durch die innere Zentrierung in eine neue und kreative Dynamik der Verkörperung finden kann. Diese Verbindung ist in unserem inneren Selbst angelegt – und auch im eigentlichen Selbst des Kollektivs sowie im Kern der mikro- und makrokosmischen Schöpfung.

Grundlegende Themen:

- die Prinzipien der Lebenseinheit von Körper, Geist und Seele
- die Zusammenhänge von Mensch, Erde und Natur
- liebevolle Beziehung mit den Urkräften der Schöpfung – gegenseitig-kommunikative Wahrnehmung
- Selbsterkenntnis und Alltag: Wege zur inneren Quelle
- Intuition, Lebenssinn und persönliche Berufung, Gesundheit und heilendes Wirken

Sieben offene Module von Vertical Centering®:

I. Im Stillpunkt der Lebensachsen
II. Auf den Spuren der vertikalen Lebenslinie
III. Auf den Spuren der horizontalen Lebenslinie
IV. Der Wesensraum der Elemente / Natur-Introvision
V. Der Wesensraum der Klänge
VI. Der Wesensraum der Farben / Visionäre Kunst
VII. Träume und Traum-Introvision

Über die Vertikale unseres Menschseins sind wir im Gleichgewicht von Körper, Geist und Seele, und wir entdecken zunehmend die Ganzheitlichkeit unserer schöpferischen Natur.

Meditationsabende, Meditationsseminare, Naturmeditation

Persönliches Erleben von Meditation: ein Weg in die eigene Mitte, ein Ankommen in sich, Verbindung mit der inneren Quelle (= Ressource). Meditation hat das Potential, den Zugang zur schöpferischen Natur des Lebens zu vertiefen und zu erweitern und neue Tore auf dem Pfad der persönlichen Lebensentfaltung zu öffnen.

Mysterium des Klangs

Das Urwissen der harmonikalen Gesetzmäßigkeiten ist den Menschen seit Urzeiten bekannt, weshalb sie Gesang und Klang als hochwirksames, einfaches Mittel zu verwenden wussten. Auf dieses archaische Wissen gehen verschiedenste Heiltraditionen zurück. In meinen Seminaren integriere ich das Erleben grundlegender Elemente der heilenden Wirkung von Klang durch die Sichtweise der altindischen, ägyptischen und abendländischen Kultur und der heutigen wissenschaftlichen Forschung. Hinzu kommt das Erfahrungsfeld des erweiterten Hörens und Fühlens. Das Zuhören (und Gehörtwerden) ermöglicht, dass wir uns selbst und unserer Mitwelt bewusster begegnen können.

„Farblichte Klänge“: Dieses Seminar zur Anwendung von Klanggabeln und/oder Klangschalen führt hinein in die Arbeit mit Klang im privaten und familiären Umfeld oder auch ergänzend in einem professionell-therapeutischen Rahmen. Eine Klangbehandlung kann eine harmonisierende Wirkung haben, ähnlich wie das Erleben der Schönheit der Natur. Verbundenheit stellt sich ein, bewegte Ruhe, dynamische Stille, ein Aufhellen der Körperzellen. Die Klänge wirken präventiv und unterstützen die Gesundheit und Entspannung.

Introvision

Introvision bedeutet ganzheitliche Innenschau als Unterstützung der Klarsicht und Klärung auf dem Lebensweg.

Introvision ist Teil einzelner Seminare und auch Inhalt von Einzelsitzungen (Coaching).

Eine Ausrichtung auf die persönliche Innenschau durch Antworten, die zu einer Selbstreflexion und „Vision" (Intro-Vision) führen.

Träume und Traum-Introvision

„Ein unbeachteter Traum ist wie ein ungeöffneter Brief."

— Altjüdisches Sprichwort

Das Träumen ist eine natürliche Form der Reise zu den Quellen des inneren Wissens und der Intuition. Träume sprechen eine Symbolsprache aus vielschichtig-informativen Bildern.

Die im Schlaf auftauchenden Bilder künden von seelisch-geistigen Prozessen, die wir im Bewusstseinszustand des Schlafes „unbewusst" wahrnehmen, jedoch beim Erwachen durch das Eintreten in das Tagesbewusstsein sehr oft „vergessen".

Die Seminare führen hinein in die Weisheit des Traumfeldes, das uns Tag und Nacht umgibt. Die Traum-Introvision ermöglicht eine strukturierte Betrachtung des Traums auf der Grundlage einer analytischen und kontemplativen Innenschau: verbale und imaginative Sprache, die holographische Natur der Träume, die fünf Ebenen der Träume.

Visionäre Kunst

„Während ich mich der Lichtnatur des Lebens öffne und den inneren Empfindungen folge, entstehen im sensitiven Kontinuum des Schaffens Gedichte, Gemälde und Bilder."

Kunst spricht an, was lautlos anwesend ist. Sie ist die Stille und sie ist die Idee in Bewegung zur Form. Sie schafft Brücken zwischen Ahnungen und Wissen, dem Sinnlichen und Übersinnlichen.

Sie kennt das intuitive Geschehenlassen und sie kennt die bewusste Wahl. Kunst ist Können und auch „Vergessen" des Könnens im Fluss des Augenblicks.

* * *

Auf introvision.ch finden Sie eine Galerie meiner Gemälde (Acryll, Kreide, Aquarell). Für die Beschreibung dieser Kunst verwende ich das englische Wort *Heart.* Heart heißt „Herz" und Art heißt Kunst.

> HeART – die Kunst, aus dem Herzen musisch zu wirken und schöpferisch tätig zu sein.

Die Bilder können als Kunstbilddrucke oder, falls noch vorhanden, als Original gekauft werden. Die meisten Bilder sind auch kleinformatig als Kunstkarten oder Poesiekunstkarten (zusammen mit einem Gedicht der Künstlerin) erhältlich.

Ein Bild in Auftrag: Es besteht die Möglichkeit, ein Gemälde für den eigenen Arbeitsraum (Büro, Praxis, Atelier) oder für sich privat in Auftrag malen zu lassen. Für mich ist dies ein kreativ-einfühlender Vorgang, indem ich auf Wünsche und Anliegen eingehe und gleichzeitig der inneren Inspiration und dem künstlerischen Ausdruck folge.

Silvia Siegenthaler

Psychomotoriktherapie – Informationsschrift für Eltern, Lehr- und Fachpersonen

92 Seiten, mit zahlreichen Illustrationen
szh-Verlag (Schweizerische Zentralstelle für Heilpädagogik), Bern 2010
ISBN 978-3-905890-04-4
CHF 36.–

Dieses Fachbuch beschreibt das breite Spektrum der heilpädagogischen Fachrichtung Psychomotoriktherapie. Es fasst die theoretischen Grundlagen zusammen, illustriert die Praxis der Psychomotoriktherapie und gibt Orientierungshilfen: Listen der unterschiedlichen Erkennungsmerkmale (Beobachtungsbögen), Beschreibung des Berufes und seiner Aufgabenbereiche (Prävention, Integration, Therapie, Förderung), Fachbegriffsklärungen, Adressen sowie Hinweise auf weiterführende Literatur.

Das Buch ist mit seinem kompakten und informativen Inhalt auch für Studierende, für Kinderärzte, Psychologen, Heilpädagogen, Logopäden und für interessierte Personen aus verwandten Berufen geeignet.

Armin Risi / Silvia Siegenthaler:

Klang-Reise – Mantras aus verschiedenen Kulturen und Mysterienschulen

Konzert-Mitschnitt im Rahmen der Musikfesttage Zürich-Wallisellen, aufgenommen am Sonntag (Bettag), 20. September 2009

Armin Risi: Gesang, Tanpura
Silvia Siegenthaler: Gesang, Klangschalen, sakrale Klangbewegungen
mit Live-Wasserklangbildern von Alexander Lauterwasser

DVD-Laufzeit 110 Min., mit 24-seitigem illustriertem Textheft
Govinda-Verlag, 2. Auflage 2019, ISBN 978-3-905831-14-6
€ 20,– / CHF 25.–

Eine Klang-Reise von der fernen Vergangenheit bis in unsere Gegenwart. Diese DVD enthält den mit sieben Kameras professionell aufgenommenen Mitschnitt eines Konzertes von Armin Risi und Silvia Siegenthaler: Mantras in vier Sprachen (Sanskrit, Altägyptisch, Hebräisch, Deutsch), Klangschalen, feine Obertöne, faszinierende Live-Wasserklangbilder, sakrale Klangbewegungen (Silvia Siegenthaler), eine lyrische Reise ins antike Griechenland mit Gedichten von Friedrich Hölderlin (gelesen und erläutert von Armin Risi) plus Bonus mit Ausschnitten aus einem Vortrag von Silvia Siegenthaler. Das 24-seitige Begleitheft enthält alle Mantra-Texte mit Übersetzung und weiteren Erläuterungen zum Thema „Klang" und „Klangmystik".

Die Rückkehr der Taube

Die Rückkehr der Taube
ist das Zelebrieren
der Leichtigkeit des Lichts
im Inneren
des eigenen Selbst

Sie ist Sinnbild
für die Erneuerung
der Welt
und der friedvollen Verbindung
allen Lebens

Gemälde: „Rückkehr der Taube", von Silvia Siegenthaler (Acryl auf Leinwand)